परिमल कुमार

परिमल कुमार का जन्म 25 दिसम्बर,1981 को बिहार के समस्तीपुर में हुआ। दरभंगा से पढ़ाई की। फिर दिल्ली के आईआईएमसी से 2005-06 में हिन्दी पत्रकारिता में पीजी डिप्लोमा किया। गुरु जाम्भेश्वर विश्वविद्यालय से मास कम्यूनिकेशन में स्नातकोत्तर की डिग्री ली। पत्रकारिता में उनका 17 साल का अनुभव है। शुरुआती डेढ़ साल 'दैनिक भास्कर' (श्रीगंगानगर), 'राष्ट्रीय सहारा' (नोएडा) और 'अमर उजाला' (नोएडा) में डेस्क पर काम किया। आईआईएमसी, इग्नू, बीएचयू जैसे संस्थानों में गेस्ट फ़ैकल्टी के रूप में पढ़ाया भी। दिसम्बर, 2007 से 'एनडीटीवी इंडिया' के साथ बतौर रिपोर्टर करियर की शुरुआत की। फ़िलहाल सीनियर स्पेशल कॉरेस्पोंडेंट के पद पर हैं।

चार न्यूज़ टेलीविज़न अवार्ड (NT Awards) के तहत 'यंग टीवी जर्नलिस्ट ऑफ़ द ईयर', दो बार 'टीवी न्यूज़ ऑफ़ द ईयर' और एक बार 'बेस्ट इन्वेस्टिगेटिव न्यूज़ रिपोर्ट', 'IIMCAA Awards Journalist of the Year' (Broadcasting), '40 under 40 अवार्ड', 'Excellence in Journalism Award from Global Festival of Journalism' के अलावा और भी कई सम्मानों से सम्मानित किए गए हैं।

'रिपोर्टर ऑन द ग्राउंड' अपने व्यावहारिक अनुभव के आधार पर उन नए साथियों के लिए लिखी है जो पत्रकारिता में क़दम रख रहे हैं।

ई-मेल : pariimal.kumar@gmail.com

परिमल कुमार

रिपोर्टर ऑन द ग्राउंड

राधाकृष्ण पेपरबैक्स

राधाकृष्ण पेपरबैक्स में
पहला संस्करण : 2023

राधाकृष्ण पेपरबैक्स : उत्कृष्ट साहित्य के जनसुलभ संस्करण

राधाकृष्ण प्रकाशन प्रा. लि.
जी-17, जगतपुरी, दिल्ली-110 051
द्वारा प्रकाशित

शाखाएँ : अशोक राजपथ, साइंस कॉलेज के सामने, पटना-800 006
पहली मंजिल, दरबारी बिल्डिंग, महात्मा गांधी मार्ग, प्रयागराज-211 001
1, अनमोल सोराबजी संतुक लेन, धोबी तलाव, मरीन लाइंस, मुम्बई-400 002

वेबसाइट : www.radhakrishnaprakashan.com
ई-मेल : info@radhakrishnaprakashan.com

विकास कंप्यूटर एंड प्रिंटर्स
ट्रॉनिका सिटी-201 102
द्वारा मुद्रित

मूल्य : ₹199

REPORTER ON THE GROUND
Handbook by Parimal Kumar

ISBN : 978-93-91950-94-1

रिपोर्टर
ऑन द ग्राउंड

क्रम

यह किताब क्यों

पत्रकारिता पर किताबों की कोई कमी नहीं। पढ़ाई का भी कोई अन्त नहीं। सच यह भी है कि सिर्फ़ किताब ही पत्रकारिता नहीं सिखा सकती। हाँ, निखार और धार ज़रूर ला सकती है।

पत्रकारिता के सैद्धान्तिक पहलू पर भी किताबें आपको आसानी से मिल जाएँगी। असल मुश्किल व्यावहारिक पहलू से वाक़िफ़ होने की है। इस किताब में उसी पर ज़ोर दिया गया है। वह पहलू जो बतौर रिपोर्टर टीवी की ज़िन्दगी में मैंने क़रीब 17 साल तक जिया है। यह किताब ख़ासकर उन छात्रों को ध्यान में रखकर लिखी गई है जो पत्रकारिता में क़दम रखनेवाले हैं और जिन्हें टेलीविज़न में बतौर रिपोर्टर करियर बनाना है या फिर जो सोशल मीडिया के ज़रिये ऑडियो-वीडियो मीडियम में करियर की सम्भावना देख रहे हैं।

पत्रकारिता की पढ़ाई मैंने आईआईएमसी से की लेकिन फ़ील्ड में आने पर लगा, पढ़ना और ख़बर करना दोनों में एक-दूसरे से जुड़ाव तो है पर दोनों चीज़ें अलग-अलग हैं। काम करते-

करते जो सीखा वह कोई किताब नहीं सिखा सकी। इसकी बड़ी वजह व्यावहारिकता पर आधारित किताबों की कमी भी रही जो आज भी है।

एक शुरुआती रिपोर्टर के सामने चुनौतियाँ क्या-क्या हैं, स्टोरी आइडिया और उस आइडिया को ख़बर के तौर पर प्रस्तुत करने की?

इस किताब के ज़रिये मेरी कोशिश आइडिया के बाद की ख़बर के प्रस्तुतीकरण को लेकर है। अख़बार में जो ख़बर है, टीवी में वह स्क्रिप्ट है तो बात यहाँ इसी स्क्रिप्ट को लेकर है।

स्क्रिप्ट का स्ट्रक्चर क्या होता है। उसका फ़ॉर्मेट-ड्यूरेशन क्या हो? कैसे लिखी जानी चाहिए? ऐसे सवालों के जवाब देनेवाली किताबें आपको मिल जाएँगी पर मैंने अपनी उन स्टोरीज़ को इस किताब में समाहित करना ज़रूरी समझा जो मैंने अलग-अलग मौक़ों पर कीं और जो एनडीटीवी में कहानी के तौर पर ऑन एयर हुईं। मतलब एक पूरा पैकेज जिसमें एंकर लिंक से लेकर वॉइस ओवर, बाइट और पीटीसी तक सब हो।

मकसद यह है कि पहली बार कोई फ़ील्ड में रिपोर्ट बनाने आए तो स्क्रिप्ट की उसे एक पूरी समझ पहले से हो। और हाँ, कहानी ख़त्म करने पर यह चिन्ता-शिकन बिलकुल न हो कि 'अरे पीटीसी क्या करें?' जो अमूमन आज के दौर में नए और कुछ पुराने पत्रकारों को होती है।

ख़बर को टीवी पर पेश करने लायक बनाने के लिए आज के दौर में पत्रकारों को ग्राउंड पर जो-जो करना होता है, इस किताब में फ़ोकस उन तमाम मुद्दों पर ही रहेगा। इसमें मेरी 25 स्टोरी (स्क्रिप्ट) का संकलन एक पूरे पैकेज के फॉर्म में

है। साथ ही 50 के क़रीब मेरी की गई पीटीसी (पीस टू कैमरा) का संकलन भी है।

टीवी विजुअल मीडियम है तो स्क्रिप्ट लिखने में अमूमन यह कोशिश होती है कि शॉट के हिसाब से ही लिखा जाए जो वॉइस ओवर के ऊपर चलता रहे। यहाँ जो स्क्रिप्ट संकलित हैं उनमें हर वॉइस ओवर का, मोटे तौर पर शॉट का डिस्क्रिप्शन भी है ताकि छात्र समझ पाएँ कि इन शॉट का चयन आख़िर होता कैसे है?

आज के मोबाइल जर्नलिज़्म के दौर में इसकी समझ होना ज़रूरी है क्योंकि रिपोर्टर को ही शूट भी करना होता है। उसके साथ कैमरापर्सन नहीं होता जो शॉट्स ले ले। अगर होता है भी तो यह टीम वर्क है। रिपोर्टर को भी बताना होता है कि क्या-क्या शॉट उसके दिमाग़ में चल रही स्क्रिप्ट के हिसाब से लेने चाहिए।

जिस बाइट का उपयोग स्क्रिप्ट में किया गया है वह क्यों लिया गया या ख़बर के वक़्त किनकी बाइट ली जा सकती है, इस बारे में भी यह किताब मुकम्मल समझ पैदा करेगी।

लिहाज़ा, यह किताब ग्राउंड पर रिपोर्टर को आ रही शुरुआती परेशानी को दूर करने में मददगार साबित होगी। स्क्रिप्टिंग और पीटीसी को लेकर अब तक आई किताबों में एक-दो स्क्रिप्ट का जिक्र उदाहरण के तौर पर तो मुमकिन है पर इस किताब में संकलित स्क्रिप्ट नए पत्रकारों में स्क्रिप्ट लिखने को लेकर समझ पैदा करने में सहायक होंगी। इनसे उन्हें अपनी दिशा का स्पष्ट ज्ञान होगा।

तकलीफ़ शुरुआत के ही साल-दो साल रहती है। ऐसे में

अलग-अलग मुद्दों पर अगर एक स्क्रिप्ट का ख़ाका आपके सामने हो तो शुरुआत-रूपी मुश्किल की राह आसान हो जाएगी। इसके अलावा इसमें पीटीसी, नुक़्ते, स्लोगन, कथन (कोट), लोकोक्तियाँ, वर्तनी की अशुद्धि और हेडिंग के बारे में भी विस्तार से जानकारी दी गई है ताकि रिपोर्टिंग करते वक़्त व्यावहारिक स्तर पर कोई समस्या न हो। और हाँ, बात आज के नए दौर में मोबाइल जर्नलिज़्म की भी। मुश्किल जर्नी से सफल मोजो जर्नलिस्ट के तौर पर ख़ुद को स्थापित करने की।

—परिमल कुमार

नई दिल्ली
सितम्बर, 2023

1

स्क्रिप्ट

कहानी टीवी की रूपरेखा से बनावट तक

क्या है स्क्रिप्ट?

टीवी के लिए लिखी गई स्टोरी स्क्रिप्ट है। अख़बार में स्टोरी को आमतौर पर ख़बर कहा जाता है पर टीवी की भाषा में वह स्क्रिप्ट है। इसकी अपनी एक रूपरेखा और बनावट होती है। इसमें उसके पीछे की आवाज़ भी होती है और मुकम्मल बनाने के लिए बाइट भी। अन्त में 'साइन ऑफ़' यानी ख़बर देने वाले रिपोर्टर का नाम भी आता है या टीवी की स्क्रीन पर पीटीसी (पी टू सी : पीस टू कैमरा) करता रिपोर्टर भी दिखता है जो स्टोरी पर एडिटोरियल कमेंट करता है या उसको आगे ले जाता है।

हिन्दी की एक कहावत है—अन्त भला तो सब भला, लेकिन टीवी में शुरुआत का अपना एक ख़ास महत्त्व है। इसलिए स्क्रिप्ट की शुरुआत हमेशा ज़ोरदार होनी चाहिए। स्क्रिप्ट सबसे अच्छे और असर डालनेवाले शॉट्स से शुरू होनी चाहिए। तभी दर्शक आपकी ख़बर से चिपका रहेगा, देखेगा।

स्क्रिप्ट लिखने का बुनियादी आधार

टीवी के लिए स्क्रिप्ट विजुअल/शॉट्स के हिसाब से ही लिखी जाती है क्योंकि टीवी बुनियादी तौर पर विजुअल मीडियम है। बेशक कुछ मौक़ों पर यह मुमकिन नहीं होता, पर वह अपवाद है। आमतौर पर स्क्रिप्ट को शॉट्स के हिसाब से ही लिखना चाहिए, ताकि वॉइस ओवर में जो बोला जाए, आपका विज़ुअल उस पर फिट बैठे, सपोर्ट करे।

आज के दौर में, अच्छी स्क्रिप्ट की ज़िम्मेदारी भी रिपोर्टर के कन्धों पर ही होती है। उसमें थोड़ा-बहुत वैल्यू एडिशन कॉपी डेस्क अपने हिसाब से करता है। विज़ुअल की अच्छी समझ रिपोर्टर की स्क्रिप्ट में चार चाँद लगाती है। लिहाज़ा ग्राउंड पर रहते हुए रिपोर्टर की समझ इस बात को लेकर साफ़ होनी चाहिए कि जो शॉट लिये जा रहे हैं उनका इस्तेमाल कॉपी स्क्रिप्ट में किस तरह किया जाएगा? ऐसे में यह अहम है कि शूट पर होने के दौरान रिपोर्टर के दिमाग़ में स्क्रिप्ट की बुनावट भी चलती रहनी चाहिए।

ये कुछ बुनियादी बातें हैं जिन्हें स्क्रिप्ट लिखते वक़्त ध्यान में रखना आवश्यक है।

अब सवाल उठता है कि स्क्रिप्ट लिखने का पैमाना क्या है? कैसे स्क्रिप्टिंग होनी चाहिए? इसका ड्यूरेशन क्या हो?

स्क्रिप्ट का फ़ॉर्मेट

स्क्रिप्ट लिखने का एक बेसिक फ़ॉर्मेट है। इसको 'पीपीएफ़' (PPF) फ़ॉर्मेट कहा जाता है। पीपीएफ़ अर्थात प्रेज़ेंट, पास्ट और फ़्यूचर। जो सबसे न्यूज़ी है, नया है अर्थात वर्तमान है उससे शुरुआत होनी चाहिए। फिर उस कहानी का पास्ट यानी अतीत और अन्त में फ़्यूचर या भविष्य की बात।

स्क्रिप्ट की बनावट या लिखने का तरीक़ा 'इनवर्टेड पिरामिड' या उलटे हुए पिरामिड के समान होता है। पिरामिड को त्रिभुज का आकार मानिए।

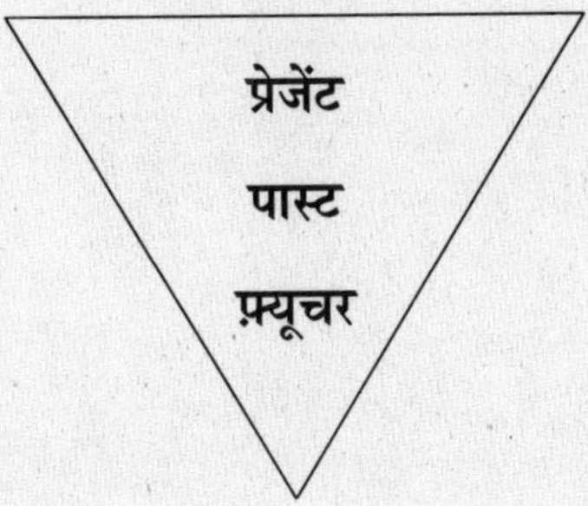

बेहतर स्क्रिप्ट वही होगी जिसमें सबसे महत्त्वपूर्ण जानकारी सबसे पहले या सबसे ऊपर, उससे कम महत्त्वपूर्ण या सहयोगी सूचनाएँ उसके बाद या नीचे और सबसे कम महत्त्व की बातें आख़िर में या सबसे नीचे लिखी गई हों।

स्क्रिप्ट की अवधि

भागदौड़ भरे आज के समय में टीवी की एक सामान्य कहानी 1:30 मिनट के आसपास होती है। इसको आइडियल माना जाता है। पर कहानी के महत्त्व के हिसाब से यह न्यूज़ चैनल पर निर्भर करता है कि उसका ड्यूरेशन बढ़ाकर वह दो से 2:30 मिनट भी कर दे। वैसे किसी स्क्रिप्ट के लिए शुरुआती तैयारी करते समय उसको सवा मिनट के आसपास की अवधि में ही समेटने का लक्ष्य रखना बेहतर होता है।

स्क्रिप्ट का स्ट्रक्चर

स्क्रिप्ट में आमतौर पर चार चीज़ों का समावेश होता है जिनसे टीवी की एक कहानी बनती है। ये चार चीज़ें हैं :

1. एंकर लिंक
2. दो वॉइस ओवर (वीओ/ VO)
3. दो बाइट
4. पीटीसी (पीस टू कैमरा)

एंकर लिंक

वीओ 1 ———————————— वीओ 2

बाइट 1 ———————————— बाइट 2

————पीटीसी————

कई मौक़ों पर वॉक्स पॉप का भी इस्तेमाल किया जाता है और पैकेज (स्क्रिप्ट/स्टोरी/कहानी) में ग्राफ़िक्स का भी। कुछेक मौक़ों पर, दो से ज़्यादा वीओ (वॉइस ओवर) भी हो सकते हैं।

यह बात ध्यान में रखनी चाहिए कि सिर्फ़ बेहतर शॉट से ही नहीं, कहानी की शुरुआत एम्बिएंस से भी होती है।

एंकर लिंक यह कहानी की शुरुआत की पहली कड़ी है। न्यूज़ एंकर इसको पढ़ता है और यह कहानी की एक छोटी पर मोटा-मोटी पिक्चर दर्शक के सामने रख देता है ताकि दर्शकों को पता रहे कि अब बात किस पर होनी है? अगली कहानी क्या है? यह ठीक वैसा ही होता है जैसा अख़बार की ख़बर का पहला पैरा जिसमें ख़बर का लगभग सार होता है।

वॉइस ओवर 1 कहानी की असल शुरुआत यहीं से होती है। इसकी ओपनिंग सबसे प्रभावी शॉट से ही होनी चाहिए। वॉइस ओवर पर शॉट्स टीवी स्क्रीन पर चल रहे होते हैं और आवाज़ पीछे से आ रही होती है। यह आवाज़ आमतौर पर उस रिपोर्टर की ही होती है जिसने यह कहानी की है। कभी-कभी वॉइस ओवर आर्टिस्ट या फिर चैनल के दूसरे लोग भी अपनी आवाज़ कहानी में देते हैं।

बाइट 1 कहानी में किरदार के तौर पर फिट बैठनेवाले व्यक्ति की चन्द सेकेंड की बात, जो पहले वाइस ओवर के अनुकूल हो, उसका औचित्य साबित करता हो।

फिर बारी आती है, वॉइस ओवर 2 यानी दूसरे वॉइस ओवर की। इसके ज़रिये कहानी के अतीत की प्रासंगिक सूचनाएँ दी जा सकती हैं। ग़ौरतलब है कि कोई भी कहानी बिना अतीत के नहीं हो सकती। हरेक कहानी का एक अतीत होता है, एक पृष्ठभूमि होती है।

इसके बाद इस दूसरे वॉइस ओवर से सम्बद्ध बाइट को प्रयोग में लाया जाता है। बाइट से ही कहानी की गम्भीरता/प्रामाणिकता साबित होती है।

सबसे अन्त में पीटीसी आता है। यह रिपोर्टर का एडिटोरियल कमेंट होता है। इसमें कहानी की लोकेशन से रिपोर्टर थोड़े समय में कहानी की एक बड़ी

पिक्चर को शब्दों के ज़रिये कैमरे के सामने बताने की कोशिश करता है। यह फ्रेम स्टेटिक भी हो सकता है और मूविंग भी।

स्क्रिप्ट लिखने के दौरान एक बात का ख़याल रिपोर्टर को हमेशा करना चाहिए कि कोई भी बात कहीं रिपीट न हो। टीवी की चुनौती यह है कि एक कहानी को बहुत कम वक़्त में कहना है, दिखाना है। लिहाज़ा बातों का दोहराव बिलकुल नहीं होना चाहिए। बाइट भी सपोर्टिव होनी चाहिए। इसमें उस बात की गुंजाइश बिलकुल नहीं होनी चाहिए जो वॉइस ओवर में लिखी गई है, बोली गई है बल्कि वॉइस ओवर में लिखी बात का समर्थन करते हुए कहानी को आगे बढ़ना चाहिए। यह बात दोनों वॉइस ओवर, बाइट और पीटीसी पर लागू होती है।

रिपोर्टिंग की शुरुआत

पत्रकारिता की पढ़ाई के दौरान, 'बीट' को लेकर स्टूडेंट अलग-अलग सपने देखते हैं, दिखाए भी जाते हैं। इसमें कुछ भी ग़लत नहीं है अगर पत्रकारिता का कोई छात्र अपने भावी करियर को लेकर कोई चुनाव करता है, कोई लक्ष्य तय करता है; कोई विशेष बीट उसकी पसन्द है तो इसमें कुछ भी अस्वाभाविक नहीं है। लेकिन शुरुआत अक्सर वैसी नहीं होती जैसी कोई छात्र सोचता है। इसकी व्यावहारिक वजह है। पत्रकारिता में प्रवेश करते समय छात्र को फ़ील्ड का अनुभव नहीं होता। पर कोई भ्रम की स्थिति न रहे। इसलिए इस बात को कहना ज़रूरी है कि शुरुआती दौर में पॉलिटिकल, संसद की रिपोर्टिंग, केन्द्रीय मंत्रालय जैसी बड़ी बीट की गुंजाइश नहीं होती। लिहाज़ा ख़ुद की तैयारी सिटी रिपोर्टिंग और सिविक इश्यू जैसे विषयों को कवर करने को लेकर होनी चाहिए। नए रिपोर्टरों की शुरुआत अमूमन ही विरोध प्रदर्शन, जलभराव, बिजली आपूर्ति में गड़बड़ी, महँगाई, अगलगी और ऐसे ही अन्य बीट से होती है। सिटी की अलग-अलग बीट या सिविक इश्यू पर रिपोर्टिंग की तैयारी आपको धीरे-धीरे अनुभव प्रदान करती है। इससे परिपक्वता आती है जो अपेक्षाकृत जटिल और जोखिम वाले बीट पर काम करने में सहायक होती है। यह ध्यान देने की बात है क्योंकि पढ़ाई के दौरान हम ऐसी ख़बरों को बिलकुल तरजीह नहीं देते जो कल को हमें करनी है, जहाँ से शुरुआत होनी है।

भाषा पर अच्छी पकड़

भाषा पत्रकारिता का आधार है। टीवी पत्रकारिता में भाषा के लिखित और वाचिक दोनों रूपों का प्रयोग होता है। इसलिए अच्छी स्क्रिप्ट के लिए लिखित और वाचिक दोनों रूपों की बेहतर जानकारी होनी चाहिए। भाषा के व्याकरण और व्यवहार या प्रचलन, दोनों की जानकारी जरूरी है। इसी तरह शब्दों की सही वर्तनी और उनका सही उच्चारण भी पता रहना चाहिए। स्क्रिप्ट में लिखे गए वाक्य छोटे रहने चाहिए। योजक शब्दों और विशेषणों का प्रयोग सन्तुलित तरीक़े से करना चाहिए।

भाषा को बेहतर बनाने में पढ़ना काफ़ी मददगार होता है। जितना पढ़ेंगे, उतना सीखेंगे। यह हमेशा जारी रहने वाली प्रक्रिया है। पत्रकारिता करने के इच्छुक व्यक्ति की आदत में पढ़ना-लिखना शामिल रहना चाहिए। अध्ययन का दायरा भी विविधतापूर्ण होना बेहतर है।

भारत जैसे बहुभाषी देश में एक से अधिक भाषाओं का ज्ञान भी आपके काम को बेहतर बनाने में सहायक होगा।

स्क्रिप्टिंग की चिन्ता-चुनौती

किसी भी काम की समझ के लिए या तो अनुभव ज़रूरी है जहाँ 'करत-करत अभ्यास' का फ़ॉर्मूला लागू होता है। स्क्रिप्ट लेखन पर भी यही बात लागू होती है। अगर आपको स्क्रिप्ट लेखन के व्यावहारिक पहलुओं की जानकारी पहले से हो तो समझ बनाने में आसानी होगी। इस किताब में यही कोशिश की गई है।

व्यावहारिक रूप से जानकारी हासिल कर लेने के बाद स्क्रिप्ट के सैद्धान्तिक पहलू की जानकारी करना आसान हो जाएगा। इससे आप जान सकेंगे कि आख़िर स्क्रिप्ट लिखी कैसे जाती है? बेशक यह समझ बनाने के लिए है न कि हूबहू दोहराने के लिए स्क्रिप्ट देखकर आपकी वह झिझक ख़त्म हो जाएगी कि लिखें कैसे? यह शुरुआत के कुछ वक़्त की ही मुश्किल है। फिर धीरे-धीरे अनुभव के दम पर आप ख़ुद तैयार हो जाएँगे।

यहाँ संकलित स्क्रिप्ट को पढ़ने पर आपको अलग-अलग मौक़ों और विषयों से जुड़ी स्टोरी तैयार करने का तरीक़ा समझने में आसानी होगी।

स्क्रिप्ट 1

30 अगस्त, 2019

हेडिंग

दिल्ली में सरकारी एम्बुलेंस हड़ताल पर

एंकर लिंक	दिल्ली सरकार की मुफ़्त एम्बुलेंस सेवा, कैट्स के कर्मचारी 61 दिनों से हड़ताल पर हैं। 102 नम्बर डायल करने पर जो एम्बुलेंस आसानी से मरीज़ों और ज़रूरतमन्दों तक पहले पहुँच रही थी उसमें फ़िलहाल थोड़ी परेशानी है। एम्बुलेंस सही से सड़कों पर दौड़े इसलिए सरकार को अब पुलिस की मदद चाहिए। *(102 नम्बर पर किए जाने की बातचीत का छोटा-सा अंश)*
ब्रीद	नमस्कार, कैट्स एम्बुलेंस सेवा में आपका स्वागत है।... जी, एम्बुलेंस चाहिए।
(Patch)	दिक़्क़त क्या है कि उस एरिया में गाड़ी चल नहीं रही हैं—कंझावला, नरेला, नजफगढ़ इनमें।
शॉट्स	नारेबाज़ी, बैनर-पोस्टर, भूख हड़ताल पर बैठे कर्मचारी
वीओ-1	ये वो हक़ीक़त है जिसका सामना एम्बुलेंस की दरकार वाले मरीज़ पिछले दो महीनों से कर रहे हैं।

	कैट्स के कर्मचारी 30 जून से हड़ताल पर हैं और शुक्रवार को हड़ताल का 62वाँ दिन रहा।
बाइट	**नरेन्द्र लाकड़ा,** अध्यक्ष, कैट्स एम्बुलेंस स्टाफ़ यूनियन : निजीकरण ख़त्म किया जाए। भ्रष्टाचार की जड़ है। तीन महीनों का बकाया वेतन दिया जाए...अप्रैल, मई, जून और श्रम क़ानून लागू हो। बात नहीं मानी गई तो हमारा प्रदर्शन, भूख हड़ताल जारी रहेगी।
शॉट्स	माला पहने भूख हड़ताल पर बैठे कर्मचारी, अस्पताल के बेड पर बीमार कर्मचारी का पिक्चर
वीओ-2	सुनवाई न होती देख 21 अगस्त से 11 कर्मचारी भूख हड़ताल पर बैठे हैं। इनमें से दो अस्पताल के बिस्तर तक पहुँच गए। उधर, एसेंशियल कमोडिटीज़ एक्ट के तहत दिल्ली के मुख्यमंत्री ने कैट्स वालों की हड़ताल को ग़ैर-क़ानूनी बताया, उपराज्यपाल से भी मुलाक़ात की और पुलिस से सहयोग माँगा है।
डेट सुपर	27 अगस्त, 2019...केजरीवाल की बाइट
बाइट	**अरविन्द केजरीवाल,** मुख्यमंत्री, दिल्ली : मैं पुलिस से निवेदन करूँगा और अपील करूँगा कि बहुत से लोग ड्यूटी पर आना चाहते हैं—लेकिन कुछ लोग उनको ड्यूटी पर नहीं आने दे रहे, बदमाशी कर रहे हैं—उनको पूरी सुरक्षा दी जाए। हमने नए लोगों की भी भर्ती की है उनको भी ड्यूटी पर नहीं आने दिया जा रहा।
शॉट्स	कैट्स कंट्रोल रूम पर खड़ी सैकड़ों एम्बुलेंस
वीओ-3	कैट्स की क़रीब 265 एम्बुलेंस हैं लेकिन कर्मचारियों की कमी की वजह से कुछ ही सही से चल पा रही हैं।

पीटीसी मरीज़ को अस्पताल तक ले जाने वाली कैट्स एम्बुलेंस बीमार हैं। इलाज सरकार के पास है। पर सरकार हड़ताली कर्मचारी के मनोबल टूटने के इन्तज़ार में है और भूल रही है कि जो लाचार और बीमार हैं...उनको हर रोज़ एम्बुलेंस की दरकार है। नई दिल्ली से परिमल कुमार एनडीटीवी इंडिया।

डिटेलिंग इस कहानी में शुरुआत बातचीत के ब्रीद से की गई है ताकि ये पता चल सके कि कंट्रोल रूम काम तो कर रहा है पर एम्बुलेंस की जिस सुविधा के लिए है वो सुविधा फ़िलहाल है नहीं। बातचीत में कुछ-एक इलाक़े का ज़िक्र ज़रूर है पर इसके आधार पर पूरी दिल्ली में आ रही परेशानी को समेटने की कोशिश है।

फिर इस बातचीत से कनेक्ट करते हुए पहले वॉइस ओवर में कहानी को आगे बढ़ाया गया है और परेशानी बताई गई है।

बाइट उस शख़्स का है जो यूनियन का प्रमुख है जिसकी देखरेख में अपनी माँगों को लेकर कर्मचारी लम्बे समय से हड़ताल पर हैं। इसके बाद दूसरे वॉइस ओवर में इस हड़ताल के अतीत में झाँकने और बताने की कोशिश है।

फिर, दिल्ली के मुखिया मुख्यमंत्री अरविन्द केजरीवाल की बाइट जिनको फ़ैसला लेना है।

यहाँ दोनों बाइट्स में बताना ज़रूरी है कि यूनियन के किसी भी नेता की बाइट भी ली जा सकती थी पर जब अध्यक्ष है तो उससे नीचे किसी की बाइट की ज़रूरत नहीं। ठीक वैसे ही स्वास्थ्य से जुड़े मामले पर स्वास्थ्य

मंत्री की बाइट से भी काम चल सकता था पर जब मुख्यमंत्री की बाइट है तो फिर स्वास्थ्य मंत्री की बाइट उतनी प्रभावी नहीं रह जाती।

पीटीसी लोकेशन पीटीसी एम्बुलेंस, धरनास्थल या दिल्ली सचिवालय को बैक ड्रॉप में रखकर किया जा सकता है।

स्क्रिप्ट 2
3 जनवरी, 2020

हेडिंग

ट्रांसजेंडर और क्विर कम्यूनिटी का पैदल मार्च

एंकर लिंक राजधानी की सड़कों पर ट्रांसजेंडर और क्विर कम्यूनिटी ने मार्च किया। इनके साथ महिलाएँ और छात्र भी पैदल मार्च में शामिल हुए। इन सबका विरोध नागरिकता क़ानून सहित एनआरसी और एनपीआर से है। ये मार्च बाराखम्बा रोड से शुरू होकर जंतर-मंतर पर ख़त्म हुआ।

वॉक्स पॉप 1 मैं लेस्बियन हूँ और बहुत सारे जो लेस्बियन कपल हमारे पास आते हैं हेल्प माँगने, उनके पास कुछ भी नहीं होता है सर्टिफिकेट क्योंकि वो घर के जो ऑपरेटिव स्ट्रक्चर हैं उससे बचके आते हैं।

वॉक्स पॉप 2 इस क़ानून के अन्दर हमको अपना काग़ज़ दिखाना पड़ेगा। मगर बहुत सारे ट्रांस लोगों के साथ हिंसा हमारे घर से शुरू होती है। घर छोड़कर आ जाते हैं। सपोर्ट नहीं रहता।

शॉट्स ट्रांसजेंडर, क्विर के शॉट्स, इनके बैनर के शॉट्स, मार्च करते लोग, मार्च के लॉन्ग शॉट्स से लेकर मिड शॉट्स और कुछेक के क्लोज़ अप शॉट्स

वीओ 1	ट्रांसजेंडर और क्विर समुदाय के लोग भी नागरिकता क़ानून के ख़िलाफ़ सड़कों पर उतरे। कागज़ात न होने को लेकर अपनी तकलीफ़ बयाँ की। काग़ज़ है भी तब भी दिक़्क़त कम नहीं। उनके साथ और भी संगठन दिखे।
बाइट	**ऋतुपर्णा बोरा,** ट्रांसजेंडर : ट्रांस का जो बर्थ सर्टिफिकेट पर नाम होगा वो अलग होगा। चुना गया नाम अलग होगा। उनका जेंडर भी अलग है। आप साबित कैसे करोगे? बर्थ सर्टिफिकेट तो चेंज नहीं कर पा रहे। आप बर्थ सर्टिफिकेट बेसिस बना रहे हो उसमें पुराना नाम है। आधार और वोटर में नया नाम है वो आप लिंक कैसे बिठाओगे।
ब्रीद	नारेबाज़ी
शॉट्स	हाथ में तख़्तियाँ, चेहरे पर नो सीएए लिखा, ड्रेस पर आई एम नॉट ए टेररिस्ट...टेक बैक सीएए, एनआरसी, एनपीआर लिखा।
वीओ 2	नागरिकता क़ानून के ख़िलाफ़ किसी के हाथ में सन्देश की तख़्ती थी...तो कोई अपने शरीर और ड्रेस तक को ऐसे सन्देशों से रँगे दिखे।
बाइट	**शबनम हाशमी,** ऑर्गनाइज़र : इसमें तक़रीबन 45 ऑर्गनाइज़ेशन हैं। वीमेन ऑर्गनाइज़ेशन, ट्रांसजेंडर एंड क्विर कलेक्टिव्स हैं जिन सबने मिलकर इस मार्च को आज किया है। इसमें कुछ स्टूडेंट ऑर्गनाइज़ेशन भी हैं।
शॉट्स	इस मुद्दे पर पुराने विरोध प्रदर्शन के शॉट्स या फिर सिर्फ़ इसी विरोध प्रदर्शन के अलग कलरफुल शॉट्स जिनका प्रयोग पहले के वीओ में न किया गया हो।
वीओ 3	देश के अलग-अलग कोने से विरोध की आवाज़ लगातार

उठ रही है...इस उम्मीद में कि सुनवाई हो। नई दिल्ली से परिमल कुमार एनडीटीवी इंडिया।

डिटेलिंग प्रदर्शन में शामिल लोगों की बाइट अगर प्रभावी है तो कहानी वॉक्स पॉप से भी उठाई जा सकती है जो इस स्टोरी में दी गई है। ऐसा अगर नहीं भी होता तो कोई बात नहीं थी। हम पैदल मार्च करते हुए शॉट्स से भी इस कहानी को शुरू करते तो कोई दिक़्क़त नहीं थी।

वॉक्स पॉप से शुरुआत इसलिए की कि ये मार्च अपने-आप में अनोखी थी जहाँ इनकी वेश-भूषा, चेहरे पर अलग-अलग मास्क के शॉट्स क्लोज़अप के तौर पर बातचीत के साथ-साथ दिख रहे थे तो इस कहानी में उन रंगों को नज़दीक से दिखाने के मकसद से वॉक्स पॉप से शुरुआत की।

फिर एक सशक्त बाइट मिली जिसको पहली बाइट के तौर पर स्क्रिप्ट में प्रयोग किया। दूसरी बाइट उनकी जिन्होंने इस मार्च को ऑर्गनाइज़ किया।

यहाँ पीटीसी नहीं है। उसकी जगह साइन ऑफ़ है। कभी-कभी पीटीसी न भी की जाए तो हर्ज़ नहीं।

स्क्रिप्ट 3

14 नवम्बर, 2019

हेडिंग

नई शिक्षा नीति पर प्रदर्शन

एंकर लिंक	नई शिक्षा नीति के विरोध में गुरुवार को शिक्षक, कर्मचारियों और छात्रों ने प्रदर्शन किया। मंडी हाउस से जंतर-मंतर तक पैदल मार्च में जेएनयू और डीयू के शिक्षकों और छात्रों को फेडरेशन ऑफ़ सेंट्रल यूनिवर्सिटीज़ टीचर्स एसोसिएशन का समर्थन भी मिला।
शॉट्स	नारेबाज़ी, पैदल मार्च के लॉन्ग, मिड, क्लोज़अप शॉट्स ...लम्बी क़तार, हाथों में पोस्टर्स-बैनर्स
नारेबाज़ी	तानाशाही नहीं सहेंगे...नहीं सहेंगे, नहीं सहेंगे। मनमानी नहीं चलेगी...नहीं चलेगी, नहीं चलेगी।
वीओ 1	सरकार की शिक्षा नीति के ख़िलाफ़ सड़क पर आवाज़ बुलन्द हो रही है। इसमें शिक्षक भी हैं...छात्र भी और कर्मचारी भी। इन्होंने तय किया है कि वे हाल के दिनों में लिए जा रहे कई क़दमों का विरोध करेंगे। मसलन सरकार को—

(ग्राफ़िक्स इन)

- सामाजिक न्याय की नीतियों से पीछे हटने नहीं देंगे
- हॉस्टल और ट्यूशन फीस में बढ़ोतरी मंज़ूर नहीं करेंगे
- सरकारी विश्वविद्यालयों के निजीकरण और बाज़ारीकरण के ख़िलाफ़ खड़े होंगे
- प्रमोशन में देरी के ख़िलाफ़ लड़ेंगे
- यूनिवर्सिटी ऐक्ट हटाए जाने के ख़िलाफ़ खड़े होंगे
- कॉन्ट्रैक्ट शिक्षकों को बढ़ावा देने का विरोध करेंगे

(ग्राफ़िक्स आउट)

बाइट	**सुरोजीत मजूमदार,** सचिव, JNUTA : नई शिक्षा नीति जो सरकार ने अपनाई है उसको इस नज़रिये से देखते हैं कि ये शिक्षा की और खास तौर पर उच्च शिक्षा के निजीकरण को प्रोत्साहित करेगा।
शॉट्स	पैदल मार्च के शॉट्स, बुद्धिजीवियों और नेताओं के पैदल मार्च करते क्लोज़अप शॉट्स
वीओ 2	इस मार्च में बुद्धिजीवी भी दिखे और नेता भी।
बाइट	**शबनम हाशमी,** बुद्धिजीवी : सड़कों पर तो हमें पिछले छह साल से रहना पड़ रहा है क्योंकि हर रोज़ कोई एक नया तमाशा खड़ा करती है ये सरकार, जिसके ख़िलाफ़ आवाज़ उठाना बहुत ज़रूरी होता है। आज दिल्ली के पूरे हिन्दुस्तान के जो टीचर्स हैं उनके साथ हम लोग आए हैं।
बाइट	**सुभाषिनी अली,** नेता, सीपीआईएम : ये लड़ाई संवैधानिक

मूल्यों को बचाने की लड़ाई है। प्रजातंत्र को बचाने की लड़ाई है। हमारा संविधान कहता है कि सबको शिक्षा का अधिकार है। सबको ज़िन्दा रहने का अधिकार है और ये सरकार शिक्षा का अधिकार तमाम आम परिवारों के बच्चों से छीन रही है।

पीटीसी *(भीड़ पीछे-पीछे चल रही है और उसके आगे चलते-चलते पीटीसी कैमरे के फ्रेम में वो भीड़ भी मेरे साथ-साथ क़ैद हो रही है।)* शिक्षा को लेकर सरकार की नीति से एतराज़ है। नीयत पर शक़ है। उस शिक्षा को लेकर जो सबका अधिकार है। ये आवाज़ उस अधिकार को बरकरार रखने को लेकर है...एक बेहतर कल को लेकर है। इसलिए देश का कल भी आज सड़कों पर है। नई दिल्ली से परिमल कुमार एनडीटीवी इंडिया।

डिटेलिंग इसमें ग्राफ़िक्स का इस्तेमाल भी किया गया है ताकि जो मुद्दा है वो आसानी से दर्शकों को समझाया जा सके। बाइट के तौर पर टीचर्स एसोसिएशन, बुद्धिजीवी और नेता की बाइट है।

स्क्रिप्ट 4

12 नवम्बर, 2019

हेडिंग

जेएनयू के छात्रों का विरोध प्रदर्शन

एंकर लिंक	अब बात जेएनयू के छात्रों के आन्दोलन की। नए हॉस्टल मैन्युअल को लेकर ये छात्र सोमवार को सड़कों पर प्रदर्शन करते रहे। एनडीटीवी ने समझने की कोशिश की कि फीस बढ़ोतरी के बाद क्या वाकई में कई छात्रों के लिए जेएनयू के दरवाज़े बन्द हो जाएँगे।
शॉट्स	निशान्त की केस स्टडी, जेएनयू के एक कमरे में किताबों के बीच निशान्त, पढ़ता हुआ, फिर इनकम सर्टिफिकेट दिखाता हुआ। सिलाई का काम करते पिता की तसवीर।
वीओ 1	निशान्त डोंगरे मध्य प्रदेश के बालागढ़ से इसी साल जेएनयू आए हैं। एमए सोशियोलॉजी के फ़र्स्ट ईयर में हैं। पिता दर्जी हैं। गाँव में ख़ुद का घर भी नहीं। सर्टिफिकेट बताता है कि सालाना इनकम महज़ 25 हज़ार रुपए है। नवोदय के छात्र रहे तो छठी से 12वीं की पढ़ाई वहाँ पूरी हो गई। अब परिवार नहीं किसी मुँहबोले भैया की मदद से यहाँ रह पाना मुमकिन हो पा रहा है।
बाइट 1	**निशान्त कुमार डोंगरे,** एमए सोशियोलॉजी, फ़र्स्ट ईयर,

जेएनयू : मेरे पापा टेलर हैं। जो महीने का 5-6 हज़ार से भी कम कमाते हैं। वो पढ़ा नहीं पाते हैं। एक भैया हैं। थॉट रिलेशन है। ब्लड रिलेशन नहीं। वो पैसे देते हैं। महीने का 4500-5000, तब पढ़ पाता हूँ। अब यही फीस 8-9 हज़ार होगी तो पढ़ नहीं पाऊँगा। तो मुझे जाना पड़ेगा।

शॉट्स	केस स्टडी : राजू कुमार, पढ़ते हुए शॉट्स, गाँव में परिवार के साथ फ़ोटो जो आर्थिक तौर पर तंगहाली के संकेत दे रही है। फ़ैमिली इनकम का सर्टिफिकेट।
वीओ 2	राजू झारखंड के चतरा से 2013 में जेएनयू आए। चीनी भाषा में एमए सेकंड ईयर के छात्र हैं। पिता पहले सत्तू बेचते थे। अब जगह-जगह जाकर बीज बेचते हैं। ये सर्टिफिकेट बताता है कि परिवार की सालाना आय महज़ 85000 रुपए है। घर से ढाई-तीन हज़ार मुश्किल से मिल पाता है।
बाइट 2	**राजू कुमार,** एमए सेकेंड ईयर, चाइनीज लैंग्वेज, जेएनयू : जेएनयू बोला जाता है एक लाइट हाउस है ग़रीबों के लिए। लाइट हाउस है किसान के परिवार से आनेवाले के लिए। वो लाइट हाउस बन्द कर दिया जाएगा। हमारे लिए मरने की स्थिति है कि हम लोग यहाँ नहीं रह सकते हैं।
शॉट्स	फीस बढ़ोतरी पर कैम्पस में चल रहे प्रदर्शन के शॉट्स, ढोल डफली के साथ नारेबाज़ी करते छात्र, जेएनयू कैम्पस और मेन गेट का शॉट जहाँ जेएनयू लिखा है
वीओ 3	जेएनयू का आँकड़ा कहता है कि यहाँ 40 फीसद छात्र ऐसे हैं जिनके परिवार की सालाना आमद 1 लाख 44 हज़ार से कम है और इसमें भी 50 फीसद जिनका 72 हज़ार से भी कम। ऐसे में आन्दोलन थम नहीं रहा।

पीटीसी	(पीटीसी का स्थिर फ्रेम है जहाँ कैमरे के फ्रेम में कुछ छात्र दिख रहे हैं जो पीछे पढ़ रहे हैं) इनकी हालत 'करो या मरो' जैसी है। आन्दोलन वो तरीक़ा है जिससे वो रास्ता तैयार हो जिसके ज़रिये ये अपनी मंज़िल तक पहुँच पाएँ। उम्मीद पर दुनिया कायम है...नाउम्मीदी हाथ आई तो संकट भविष्य को लेकर है। नई दिल्ली से परिमल कुमार एनडीटीवी इंडिया।
डिटेलिंग	इस स्टोरी की ख़ासियत है कि दो छात्रों की केस स्टडी के ज़रिये ये दिखाने की कोशिश की है कि जेएनयू में ग़रीब छात्र पर फीस बढ़ाने का संकट कितना गहरा असर छोड़ेगी कि नौबत कैम्पस छोड़ने तक की आ जाएगी।
पर्सनल टू	इस फ़ॉर्मेट को 'पर्सनल टू जनरल' फ़ॉर्मेट कहा जाता है।
जनरल फ़ॉर्मेट	कुछ एक लोगों की परेशानी को दिखाकर मुद्दे को जनरलाइज करके ख़बर करने का तरीक़ा।

ये फ़ॉर्मेट ध्यान में रहे तो कई मौक़ों पर इस फ़ॉर्मेट के सहारे ख़बर की जा सकती है। उदाहरण के तौर पर : किसी कॉलोनी/मोहल्ले में पानी की समस्या है। आप टीवी में कैसे दिखाएँगे? तो उस मोहल्ले में किसी एक शर्मा जी के घर के लोगों से कहानी की शुरुआत की और फिर कहा कि ये शर्मा जी के घर की ही नहीं, पूरे मोहल्ले के घर-घर की कहानी है और यहाँ 100 से ज़्यादा घर हैं।

स्क्रिप्ट 5

12 अगस्त, 2019

हेडिंग

जंतर-मंतर पर ईद

एंकर लिंक	बहुत सारे कश्मीरी छात्र जम्मू-कश्मीर के हालात की वजह से ईद मनाने अपने घर नहीं जा पाए। उन्होंने विरोध में दिल्ली के जंतर-मंतर पर ईद मनाई लेकिन सबको परिवार याद आता रहा, सबकी आँख ग़मगीन होती रहीं।
शॉट्स	एक जगह जमा हुए कश्मीरी छात्रों के दूर से शॉट्स। भीड़ के शॉट्स। छात्रों के आँखों का क्लोज़अप जिसमें दिख रहा है कि वो रो रहे हैं। खाते-खाते आँसू पोंछने के शॉट्स।
वीओ 1	ये जंतर-मंतर पर कश्मीर के लोगों की ईद है—अपने घर से दूर, अपनों से दूर। इस बार घर-परिवार से ईद की मुबारकबाद लेने-देने के लिए फ़ोन का ज़रिया भी नहीं था।
वॉक्स पॉप 1	इट्स अ मार्क ऑफ़ प्रोटेस्ट। ये ईद हमारे लिए नहीं है। जो वहाँ हो रहा है वो भी ईद नहीं है। ईद की ये स्पिरिट ही नहीं है। ऐसा नहीं कि पहले हमने कभी घर से दूर ईद न मनाई हो। पर ऐसा कभी नहीं हुआ कि घर से कभी फ़ोन न आया हो।

वॉक्स पॉप 2 इस बार हम ईद सेलिब्रेट नहीं कर रहे। हम लोग ऑब्ज़र्व कर रहे हैं। जो हमारे घर में हुआ है। जो कम्यूनिकेशन ब्लैकआउट है। हमारी घरवालों से हफ़्ते भर से बात नहीं हुई है। हमें नहीं पता वो किस हाल में हैं।

शॉट्स कुछ छात्र एक-दूसरे से गले मिलते। दिलासा देते सिविल सोसाइटी के लोग।

वीओ 2 ये सब पढ़ाई-लिखाई और रोटी-रोजगार के सिलसिले, घर से दूर जम्मू-कश्मीर के लोग हैं। इस मौक़े पर सिविल सोसाइटी की नामचीन शख़्सियतें भी साथ खड़ी नज़र आईं।

बाइट **हर्ष मन्दर,** सिविल सोसाइटी : हम कश्मीर के बच्चों को कहने आए हैं कि जो नौजवान यहाँ रो रहे हैं कि आपका वहाँ एक परिवार है लेकिन यहाँ भी एक परिवार है।

पीटीसी *(स्थिर फ्रेम में पीटीसी जहाँ खाना परोसा जा रहा है)* कोई ईद की अपनी यादें बताते-बताते रो पड़ा तो कोई सुनकर। इन सबके के लिए लोग खाना लेकर आए। नवाज़ देवबन्दी का शेर है—*इलाजे रंजो ग़म हो तो हमारी ईद हो जाए, किसी का दर्द कम हो तो हमारी ईद हो जाए।* नई दिल्ली से परिमल कुमार एनडीटीवी इंडिया।

डिटेलिंग भावनाओं को झकझोरनेवाला विरोध। इमोशनली कनेक्ट करने की चुनौती थी। ग़ुस्सा तो है पर शोर नहीं। तो कुछेक मौक़ों पर प्रदर्शन वाली जगह पर भी कहानी में इमोशन हावी होता है। लिहाज़ा इस भाव को भी ध्यान में रखना चाहिए। पीटीसी में शेरो-शायरी का प्रयोग कैसे किया जाता है, वो भी समझा जा सकता है।

स्क्रिप्ट 6

28 फरवरी, 2018

हेडिंग

डॉक्टर (भगवान) हड़ताल पर

एंकर लिंक	दिल्ली की स्वास्थ्य व्यवस्था आज दम तोड़ती नज़र आई जब डॉक्टर अपने साथ हुई मारपीट के ख़िलाफ़ हड़ताल पर चले गए। ओपीडी से लेकर इमरजेंसी सेवाएँ तक ठप रहीं। असर, एलएनजेपी, जीबी पंत से लेकर सफदरजंग अस्पताल तक पर नज़र आया।
शॉट्स	लोकनायक अस्पताल के बाहर ऑटो में मरीज़ के परिजन की चीख़-पुकार, बीवी बीमार थी जिसको ऑटो में लेकर आया और इमरजेंसी के बाहर मदद की गुहार लगाने लगा, ऑटो की सीट पर बेसुध लेटी औरत, चीख़ता आदमी, एम्बुलेंस मरीज़ को लेकर आई...तुरन्त लौट गई। गोद में अपने बच्चे को उठाकर दौड़ता अस्पताल में दाख़िल होता शख़्स।
	(चीख़-पुकार की इस आवाज़ से शुरू)...अरे कोई तो देखो भाई। इलाज दे दो इनको। कोई हेल्प ही नहीं करने को तैयार है। भाई अंकल कुछ तो करवाओ। डॉक्टर...
वीओ 1	अस्पतालों में इमरजेंसी के बाहर ऐसी आवाज़ें झकझोरती

रहीं पर सुननेवाला कोई नहीं। कोई एम्बुलेंस से आया, कोई पैदल तो कोई अपने जिगर के टुकड़े को पीठ पर उठाए इलाज की उम्मीद लिए दौड़ता-भागता पहुँचा पर निराशा ही हाथ लगी।

वॉक्स पॉप 1	हम तो मरीज़ हैं। हम तो धक्के खाएँगे ही। मजबूरी है हमारी। हम तो लेकर जाएँगे ही।
वॉक्स पॉप 2	एक के चक्कर में सारे भुगत रहे हैं सर। ऐसा नहीं होना चाहिए।
शॉट्स	पीड़ित डॉक्टर की फ़ोटो...ब्लर करके चलाएँ, एलएनजेपी अस्पताल के शॉट्स।
वीओ 2	एलएनजेपी अस्पताल में मरीज के परिजनों ने मंगलवार दोपहर दो डॉक्टरों के साथ मारपीट की, जिसके बाद डॉक्टर हड़ताल पर चले गए।
बाइट	**डॉ. अंकुर शर्मा**, महासचिव, मौलाना आज़ाद मेडिकल कॉलेज, आरडीए : कल तक हमारी इमरजेंसी सर्विसेज चल रही थीं। आज से मॉर्निंग 9 बजे से इमरजेंसी सर्विस बन्द करने की घोषणा की है। एमएस से मिलने जा रहे हैं लेटर लेकर। इमरजेंसी सर्विस बन्द होगी...जीबी पंत, एलएनजेपी, गुरु नानक आई केयर और सुश्रुत ट्रॉमा सेंटर।
शॉट्स	सफदरजंग अस्पताल में मरीज़ के शॉट्स। ठप ओपीडी के बाहर मरीज़ों की लम्बी कतार।
वीओ 3	इन अस्पतालों के अलावा सफदरजंग अस्पताल के रेज़िडेंट्स डॉक्टर भी हड़ताल में शामिल हो गए। हालाँकि इमरजेंसी सेवा वहाँ बहाल रही। डॉक्टरों की माँग है कि

(ग्राफ़िक्स इन)

- घटना के दोषियों को लेकर इंस्टीट्यूशनल एफ़आइआर दर्ज हो।
- एक मरीज़ के साथ एक अटेंडेंट की नीति अमल में लाई जाए।
- बुज़ुर्ग गाइर्स की जगह हट्टे-कट्टे गार्ड तैनात हों और उनकी संख्या पर्याप्त हो।

(ग्राफ़िक्स आउट)

पीटीसी *(अस्पताल में जगह-जगह बैठे मरीज़ों को दिखाते हुए चलते-चलते पीटीसी)* मरीज़ तड़पते रहे। सिसकते रहे। पर सुनवाई नहीं और ज़िन्दगी दम तोड़ती नज़र आई। एक तरफ़ सवाल सुरक्षा का है तो दूसरी तरफ़ ज़िन्दगी का। मसले दोनों गम्भीर हैं। ऐसे हालात से निपटने का एक ही हल है—लोगों को भी संयम बरतना होगा और अस्पताल प्रशासन को भी ज़रिया ढूँढ़ना पड़ेगा। फ़िलहाल तो 'करे कोई भरे कोई' जैसी हालत है। नई दिल्ली से परिमल कुमार एनडीटीवी इंडिया।

डिटेलिंग कहानी अगर अस्पताल में हड़ताल की हो तो असर के दायरे में मरीज़ ही आएँगे। ऐसे में इन जगहों में सिर्फ़ मरीज़ ही दिखाना काफ़ी नहीं। कोशिश परेशानी को कैप्चर करने की होनी चाहिए। जब सवाल ज़िन्दगी और मौत का हो और इलाज़ न हो पा रहा हो तो वो तकलीफ़ शॉट्स के दम पर निकलकर आनी चाहिए। कहा जाता है न आँख, कान, नाक खोले रखेंगे तो ख़बरें मिलती हैं। ऐसी जगह पर सजग और तत्पर रहेंगे तो मरीज़ की बेचारगी क़ैद करना मुश्किल नहीं।

स्क्रिप्ट 7

15 अक्तूबर, 2019

हेडिंग

प्रदर्शनी रोबोट की

एंकर लिंक	रोबोट हमारी कितनी मुश्किलें आसान कर सकते हैं और इस तकनीक पर क्या कुछ हो रहा है, इसको लेकर रोबोट एंड ह्यूमन इंटरेक्टिव कम्यूनिकेशन यानी 'रोमन' कॉन्फ्रेंस में 35 देशों के रिसर्चर पहली बार भारत में जुटे। इसमें सोफ़िया रोबोट आकर्षण के केन्द्र में रही।
	(सोफ़िया रोबोट से मेरी बातचीत)
	This is Parimal from NDTV, I am a journalist
Question.	What about you Sofia? Who are you?
Answer.	My name is Sofia. I am from Hong Kong.
Question.	Do you like India?
Answer.	India is my one of the favourite countries to visit.
शॉट्स	सोफ़िया रोबोट के शॉट्स, जहाँ वह एक स्टॉल पर लगी है। उसके भाव के शॉट्स, मुस्कुराना, ग़ुस्सा करना। उसकी मुझसे बातचीत के शॉट्स, स्केचिंग करते हुए। ये तमाम शॉट्स में लॉन्ग से लेकर मिड और क्लोज़अप शॉट्स।

वीओ 1 — सोफिया दुनिया की पहली रोबोट है जिसे सऊदी अरब ने नागरिकता की पेशकश की है। 2016 में अस्तित्व में आई ये रोबोट आम इनसान की तरह कई भाव प्रदर्शित करती है।

इनसान को मिलनेवाले यूनाइटेड नेशन्स डेवलपमेंट प्रोग्राम की तरफ़ से इनोवेशन चैंपियन का खिताब 2017 में पहली बार एक रोबोट सोफ़िया को दिया गया।

बाइट 1 — **अमित कुमार पांडेय**, अध्यक्ष, सीटीओ हैनसन रोबोटिक्स : अवेयरनेस क्रिएट करना है। दूसरा मोटिव है इंडिया और इंटरनेशनल कम्यूनिटी को जोड़ना। तीसरा मोटिव सरकार तक सन्देश पहुँचाना कि इस टेक्नोलॉज़ी में ध्यान देने की ज़रूरत है, जिससे हम यहाँ इस टेक्नोलॉज़ी को बना सकें।

शॉट्स — आइंस्टीन रोबोट, इसको इंस्ट्रक्ट करने के शॉट्स, चलने के शॉट्स, आवाज़ लगाई तो रुक रहा है, अलग-अलग और भी रोबोट ऐक्टिविटी करते हुए, इसमें इंडस्ट्रियल रोबोट कूका भी शामिल।

वीओ 2 — आइंस्टीन एक एजुकेशनल रोबोट है। ये चलते भी हैं और आवाज़ सुनकर रेस्पॉन्स भी करते हैं। सिर्फ़ ये बातचीत नहीं करते बल्कि इनके भीतर प्रोग्रामिंग फिट कीजिए और उसके हिसाब से ये काम में आएँगे।

बाइट — **प्रकाश अम्बवानी**, ऑर्गनाइज़र रो-मैन : बहुत जगह पर हम इंडिया में यूज़ कर सकते हैं जैसा बाहर भी होता है। एल्डरली केयर्स, एजुकेशन और जहाँ रिस्की जॉब्स हैं, जैसे कि मेनहोल वहाँ बहुत सारी डेथ्स हम देखते हैं। उसको रोबोटिक्स के ज़रिए ऑटोमेशन कर सकते हैं।

पीटीसी	बदले समय के साथ-साथ नई-नई समस्याएँ भी आ रही हैं और उससे निपटने की तकनीक भी। आज की इस अनोखी तकनीक के ज़रिये कोशिश बेहतर कल की है। नई दिल्ली से परिमल कुमार एनडीटीवी इंडिया।
पीटीसी	मेरे पीछे के फ्रेम में एक-दो रोबोट की कुछ-कुछ ऐक्टिविटी।
लोकेशन	चल रही है। यहाँ मैंने स्टेटिक फ्रेम में पीटीसी किया पर ये मूविंग भी हो सकती है।

स्क्रिप्ट 8

12 दिसम्बर, 2019

हेडिंग

आँसू पोंछता नैफेड

एंकर लिंक जहाँ बाज़ार में बिकनेवाला प्याज़ 100 रुपए किलो के आसपास है वहीं अब नैफेड के स्टोर पर सूखा प्याज़ 25-30 रुपए किलो तक मिलेगा। गुजरात की डिहाइड्रेटेड प्याज़ बनानेवाली कम्पनी को सरकार ने नैफेड पर प्याज़ बेचने की मंजूरी दी है। शनिवार से ये सूखा प्याज़ स्टोर पर होगा।

ब्रीद *(एक लेडी लोगों को अप्रोच करती हुई)* सर ये आपके लिए सैंपल। इसको घर पर जाकर तेज़ गर्म पानी में 2 मिनट भिगोएँगे तो ये बिलकुल फ्रेश प्याज़ बन जाएगा।

शॉट्स पॉलीबैग में सूखा प्याज़, किसी के हाथ में फ्रेश प्याज़ की थैली भी है और सूखे प्याज़ का सैंपल भी। कुछ लोगों के प्याज का स्वाद टेस्ट करते शॉट्स।

वीओ-1 ये है डिहाइड्रेटेड यानी सूखा प्याज़...बाज़ार से सस्ता। जो भी प्याज़ लेने नैफेड के स्टोर आया उनके हाथ में सैंपल के तौर पर सूखा प्याज़ भी थमाया गया और चखाया भी गया।

वॉक्स पॉप 1	स्वाद भी चखा है! मैडम ने दिया है। स्वाद चखा है। जैसा होता है वैसा ही स्वाद है।
वॉक्स पॉप 2	बिलकुल वैसा ही प्याज़ है। जैसा हम खरीदते हैं मार्किट से। स्वाद में कहीं कोई अलग नहीं।
शॉट्स	75 रुपए किलो का रेट लगा, मतलब ये बड़ा-सा काग़ज़ नेफेड के स्टोर पर लगा है जिसमें प्याज़ की कीमत 75 रु. किलो लिखा है। जेनेरिक शॉट्स, स्टोर और डेमो के शॉट्स।
वीओ 2	नैफेड के स्टोर पर प्याज़ 75 रुपए किलो है और बाज़ार में क़ीमत 100 रुपये किलो से भी ज़्यादा है। ऐसे में नैफेड ने इस सूखे प्याज़ को बेचने का रास्ता खोला है जो 2 साल तक उपयोग में लाया जा सकता है।
बाइट	**पी.एन. जोशी,** स्टोर इंचार्ज नैफेड, आश्रम : 100 kg का ऑर्डर दिया गया है। 250 ग्राम की पैकिंग में एज़ अ ट्रायल बेसिस। डिमांड होने पर और भी ऑर्डर देंगे। क़ीमत 250 ग्राम का 32 रुपए है। जो क़रीब 1.5 kg हो जाता है।
पीटीसी	*(पीटीसी लोकेशन लोगों के प्याज़ टेस्ट करते शॉट्स, नेफेड की बिल्डिंग पीछे फ्रेम में)* क़ीमत कम है... कोशिश स्वाद चखाने की भी हुई है पर इसका बाज़ार और ख़रीदार इस बात पर निर्भर करेगा कि आख़िर जीभ पर ये स्वाद कितना असर छोड़ रहा है। नई दिल्ली से परिमल कुमार एनडीटीवी इंडिया।

स्क्रिप्ट 9
30 दिसम्बर, 2019

हेडिंग

मोबाइल चोर पर शिकंजा

एंकर लिंक दिल्ली एनसीआर में हर साल 40 हज़ार मोबाइल फ़ोन चोरी होते हैं और क़रीब 8 लाख गुम हो जाते हैं। ये फ़ोन सस्ते में बेच दिए जाते हैं, लेकिन अब एक ऐसा वेब पोर्टल सरकार ने तैयार किया है जिस पर गुमशुदगी की रिपोर्ट दर्ज करवाई तो फिर फ़ोन भी बेकार हो जाएगा और ख़रीद-बिक्री करनेवाले भी पुलिस की गिरफ़्त में आ जाएँगे।

बाइट **अंशु प्रकाश,** सचिव, टेलीकॉम : Those blackberry days...5 years back. I was staying in satymarg ...went Sarojini Nagar for shopping and my blackberry was gone.

शॉट्स अंशु कट aways, उद्घाटन करते शॉट्स, वेब पोर्टल के शॉट्स, मोबाइल के कट aways

वीओ 1 टेलीकॉम सचिव का भी गुम मोबाइल फ़ोन आज तक नहीं मिला। ख़ास से आम तक की ये समस्या है। लेकिन अब आपके लापता फ़ोन का कोई और इस्तेमाल नहीं कर पाएगा। इसके लिए दूरसंचार विभाग ने सेंट्रल इक्विपमेंट आइडेंटिटी रजिस्टर वेब पोर्टल बनाया है जिसका संचार

मंत्री ने उद्घाटन किया।

बाइट 1	**अंशु प्रकाश,** सचिव, टेलीकॉम : Now there have been information sharing...So, with this unique number which is specific to the mobile set.. If an unscrupulous person buys it...Sells it illegally or is it bought illegally doesn't matter which simcard is used...The phone get blocked. This is the uniqueness of the system.
शॉट्स	कार्यक्रम के शॉट्स, फ़ोन देखने के शॉट्स।
वीओ 2	फ़िलहाल भारत में चोरी या गुमशुदा हुए फ़ोन का पता लगा पाना मुमकिन है पर देश से बाहर दूसरे देशों में पता लगाने को लेकर बातचीत जारी है। अभी दिल्ली एनसीआर के लिए ये सुविधा है जो आनेवाले दिनों में पूरे देश भर के मोबाइल ग्राहकों को भी मुहैया करवाई जाएगी।
बाइट	**रविशंकर प्रसाद,** केन्द्रीय मंत्री, टेलीकॉम : The mobile has to be safe and secure...that must be our national priority. I would like to compliment my dept. today that through this registry is a powerful instrument achieved where u can trace lost mobile without impacting others.
शॉट्स	जेनेरिक मोबाइल यूज़ करते लोगों के शॉट्स, फ़ोन पर कुछ काम करने, बात करने के शॉट्स।
वीओ 3	ये तकनीक अगर कारगर होती है तो फिर फ़ोन की झपटमारी भी ख़त्म हो जाएगी और गुम फ़ोन को ढूँढ़ना भी आसान हो जाएगा। नई दिल्ली से परिमल कुमार एनडीटीवी इंडिया।
डिटेलिंग	यहाँ सबसे बड़ी चुनौती थी कि ख़बर तो अहम थी पर

शुरुआत कैसे करें? क्योंकि ये एक कार्यक्रम था और वहाँ एक वेब पोर्टल का उद्घाटन था। इसलिए मैंने टेलीकॉम सचिव की ख़ुद की पीड़ा से बाइट की शुरुआत की। बात आम इनसान तक नहीं बल्कि ख़ास भी मोबाइल चोरी के शिकार हुए हैं...होते हैं।

पैरा डब हिन्दी न्यूज़ चैनल में अगर कोई बाइट अंग्रेज़ी में है तो या तो उसका ट्रांसक्रिप्शन लगाते हैं। हिन्दी में उसकी बाइट का टेक्स्ट या फिर उसका पैरा डब करते हैं।

पैरा डब मतलब उसकी बाइट का भाव हिन्दी में कोई VO आर्टिस्ट बोलता है।

इस कहानी में पीटीसी नहीं है। साइन ऑफ़ है। यानी रिपोर्टर का कोई चेहरा नहीं। सिर्फ़ वॉइस ओवर के आख़िर में उसका नाम।

स्क्रिप्ट 10

15 जुलाई, 2020

हेडिंग

कोरोना टेस्ट महज़ 399 रुपए में

एंकर लिंक आईआईटी दिल्ली के बनाए आरटी पीसीआर तकनीक वाले किट से कोरोना की जाँच महज़ 399 रुपए में मुमकिन हो पाएगी। साथ ही ये किट डेढ़ घंटे में टेस्ट की रिपोर्ट भी दे देगा। 6 कम्पनियों को लाइसेंस भी दिया गया है और एक कम्पनी ने इस प्रोडक्ट को तैयार भी कर लिया है। आज इस प्रोडक्ट को लॉन्च किया गया। अब ये बाज़ार में है।

शॉट्स किट का शॉट्स, आईआईटी के लैब का शॉट्स, शिक्षा मंत्री के लॉन्च करने के शॉट्स।

वीओ 1 कोरोना की जाँच करनेवाले इस किट का नाम है कोरोश्योर। जल्द ही इस किट के ज़रिये जाँच शुरू हो जाएगी। ये आरटी पीसीआर तकनीक वाली ही किट है जिसमें पैसे भी कम लगेंगे और वक़्त भी। बुधवार को इस किट को मानव संसाधन विकास मंत्री रमेश पोखरियाल निशंक ने लॉन्च किया।

बाइट 1 **रमेश पोखरियाल निशंक,** शिक्षा मंत्री : 399 रुपए का किट। अभी 2000 रुपए का पड़ रहा था।

	(पैच)
	अभी 3 लाख जाँच कर पा रहे हैं। इस कम्पनी के साथ 20 लाख तक टेस्ट कर पाएँगे। 6 कम्पनी को लाइसेंस दिया गया है।
शॉट्स	आईआईटी के लैब में जुटी टीम, किट को लेकर चल रहा काम, आईआईटी के शॉट्स।
वीओ 2	शोध से किट के तौर पर प्रोडक्ट बनने में क़रीब तीन महीनों का वक़्त लगा। आईआईटी दिल्ली के कुसुमा स्कूल ऑफ़ बायोलॉजिकल साइंसेज के 10 लोगों की टीम ने इस किट को तैयार किया।
बाइट 2	**प्रो. विश्वजीत कुंडू,** आईआईटी दिल्ली : इस किट की जो विशेषता है कि ये प्रोब हीन किट है। यानी जो एक फ्लोरोसेंट प्रोब की ज़रूरत बाक़ी किट में पड़ती है वो इस किट में नहीं पड़ती क्योंकि ये भारत में बनी है और प्रोब फ्री डिटेक्शन किट की तमाम चीज़ें देश में मौज़ूद हैं लिहाज़ा ये सस्ती हैं।
शॉट्स	कोरोनावायरस टेस्टिंग के शॉट्स आर्काइव से लेंगे। अस्पताल में मरीज़ों के शॉट्स, पीपीई किट में हेल्थ केयर वर्कर्स के शॉट्स।
वीओ 3	देशभर में अभी फ़िलहाल क़रीब सवा 3 लाख तक टेस्ट रोज़ाना पहुँच चुके हैं। कोरोना से जंग काफ़ी लम्बी है लिहाज़ा बाज़ार में इस किट के आने से रोज़ाना होनेवाले टेस्ट की संख्या में अच्छा-ख़ासा इज़ाफ़ा हो जाएगा। नई दिल्ली से परिमल कुमार एनडीटीवी इंडिया।
डिटेलिंग	इस स्क्रिप्ट में बाइट में एक नई बात लिखी है। (पैच)

नाम से साफ़ है। जब बाइट काफ़ी लम्बी होती है तब उसके मुख्य अंश एक साथ नहीं होते। ऐसी सूरत में जब बाइट में कंटिन्यूटी की समस्या होती है तब बाइट के दो अलग-अलग हिस्सों को जोड़ने की जगह पर प्रोड्यूसर/वीडियो एडिटर को समझाने के लिए पैच लिख दिया जाता है ताकि वो ज़िक्र वाले हिस्से को ढूँढ़कर लगा दे ताकि वो हिस्सा छूट न जाए।

स्क्रिप्ट 11

2 जुलाई, 2020

हेडिंग

प्लाज़्मा अब परेशानी नहीं

एंकर लिंक	कोरोना के मरीजों को प्लाज़्मा मिलने में आ रही परेशानी दूर करने को लेकर एम्स के रेज़िडेंट डॉक्टरों और आईआईटी दिल्ली के छात्रों ने कोपल 19 नाम से एक एप बनाया है। प्लाज़्मा डोनर और ज़रूरतमन्द के बीच ये कड़ी का काम करेगा। अब तक 50 से ज़्यादा डोनर इस पर रजिस्टर भी हो चुके हैं।
शॉट्स	प्लाज़्मा डोनेट करते शॉट्स, कोपल 19 एप के शॉट्स, इसकी ख़ूबी बताते रेज़िडेंट्स, एम्स के शॉट्स, कार्यक्रम के शॉट्स।
वीओ 1	**कोपल,** 19 मरीज़ और प्लाज़्मा डोनर के बीच की कड़ी। जिसे आईआईटी दिल्ली की मदद से एम्स के रेज़िडेंट्स ने तैयार किया है। अभी फ़िलहाल इसकी सुविधा एम्स तक ही सीमित है।
बाइट 1	**डॉक्टर अभिनव सिंह वर्मा,** न्यूरो सर्जरी, एम्स दिल्ली : ये एप बहुत ही सिम्पल यूज़र फ़ेस की एप है। दो लोगों को जोड़ रहे हैं। पेशेंट्स और डोनर। डोनर वो लोग हैं जो कोविड इन्फ़ेक्शन से ठीक हो चुके हैं और 28 दिन

पोस्ट रिकवरी के हो चुके हैं।

(पैच)

ये हर 14 दिन में प्लाज़्मा डोनेट कर सकते हैं।

शॉट्स कोरोना वायरस से ठीक हुए या मरीज़ों के शॉट्स, स्वास्थ्य मंत्रालय के शॉट्स, एम्स के शॉट्स।

वीओ 2 ठीक हुए मरीज़ों का डेटा मुहैया करवाने में एम्स से लेकर केन्द्रीय स्वास्थ्य मंत्रालय इनकी मदद कर रहा है। जहाँ कॉल करके ये पता करते हैं कि क्या वो प्लाज़्मा डोनेट करने के इच्छुक हैं या नहीं। अब तैयारी पूरे देश से ज़रूरतमन्दों को जोड़ने की है और जल्द ही ये एप प्ले स्टोर पर होगा।

बाइट 2 **काशिका प्रजापत**, कम्प्यूटर साइंस, थर्ड ईयर, आईआईटी दिल्ली : सारे डोनर्स की आइडेंटिटी वेरिफाइड होती है। जब पेशेंट्स को लॉग इन करना होता है तब उनका फ़ोन नम्बर, नाम, पता जिन्हें प्लाज़्मा थेरेपी चाहिए, उनका डॉक्टर का डॉक्यूमेंट, आधार कार्ड ये माँगते हैं।

शॉट्स सोशल मीडिया पर लोगों की चिन्ता और प्लाज़्मा की ज़रूरत को लेकर लिखे गए पोस्ट, फिर एप के शॉट्स, मरीज़ों के शॉट्स।

वीओ 3 सोशल मीडिया पर आए दिन ज़रूरतमन्द प्लाज़्मा को लेकर गुहार लगाते दिखते हैं। अब इस तरह की पहल उन ज़िन्दगियों की राह आसान करेगी जो कोरोना को लेकर ज़िन्दगी और मौत से जूझ रहे हैं। नई दिल्ली से परिमल कुमार एनडीटीवी इंडिया।

स्क्रिप्ट 12

6 सितम्बर, 2019

हेडिंग

एम्स की अनोखी सर्जरी

एंकर लिंक	2017 में सिर से जुड़े ओडिशा के दो भाई जग्गा और बलिया को क़रीब 45 घंटों की दो सर्जरी के बाद अलग करने में पूरी तरह से एम्स को क़ामयाबी मिली। दोनों की तबीयत में सुधार के बाद दोनों भाइयों को ओडिशा भेजा जा रहा है। दुनिया में 50 साल में इस तरह की महज़ दर्जन भर ही सर्जरी हुई हैं और एम्स के लिए ये मौक़ा पहला था।
शॉट्स	पुराना और नया वीडियो जो जग्गा और बलिया के अस्पताल में खेलने-कूदने का है, पुराने समय का वीडियो/स्टिल्स जिसमें दोनों सिर से जुड़े हैं, डॉक्टर की पूरी टीम का वीडियो)
वीओ 1	जन्म से सिर से जुड़े भाई जग्गा और बलिया की नई पहचान...दिल्ली के एम्स में 45 घंटों की सर्जरी के बाद बनी है।
	125 डॉक्टरों की टीम ने अगस्त और अक्तूबर 2017 में दो बार सर्जरी की...तब जाकर कामयाबी मिली।

	क़रीब साढ़े चार साल की उम्र में से 2 साल इन दोनों ने एम्स में बिताए।
बाइट 1	**हर्षवर्धन,** केन्द्रीय स्वास्थ्य मंत्री : ये 7 सितम्बर को घर पहुँचेंगे। हमारा चन्द्रयान-2 ये भी 7 सितम्बर को चन्द्रमा के साउथ पोल पर पहुँचेगा। स्पेस के अन्दर एक बड़ी हिस्ट्री क्रिएट हो रही है। आज ये भी सिद्ध हुआ कि ख़ाली स्पेस के वैज्ञानिक ही असाधारण उपलब्धियाँ हासिल नहीं कर रहे बल्कि हमारे एम्स के डॉक्टर्स भी।
शॉट्स	माँ के दोनों बच्चों को गोद में लिये हुए पुराने शॉट्स जब दोनों के सिर जुड़े थे, परिवार के शॉट्स।
वीओ-2	इन दोनों का जन्म ओडिशा के कंधमाल में अप्रैल 2015 में हुआ। शुरुआती इलाज भुवनेश्वर में करवाया...पर जब नाउम्मीदी दिखी तो जुलाई 2017 में एम्स आ गए।
बाइट 2	**डॉ. रणदीप गुलेरिया,** निदेशक, एम्स : This is something that we are all proud of. AIIMS is very proud of what is been able to achieve because this is something very unique not only for the country but the world.
शॉट्स	जग्गा के अच्छे विडियोज़ जिसमें वो पूरी तरह से फिट और स्वस्थ दिख रहे हैं, खेल रहे हैं। बलिया के बेड पर लेटे हुए शॉट्स।
वीओ 3	जग्गा स्कूल जाने की हालत में है जबकि बलिया का कुछ और वक़्त तक ख़याल रखना होगा। फ़िलहाल कुछ हफ़्तों तक ये दोनों बच्चे कटक के एससीबी मेडिकल कॉलेज में रहेंगे।

बाइट 3	**डॉ. दीपक गुप्ता,** इंचार्ज कार्नियोपेगस टीम : अभी तक दुनिया में 10 से 15 केस रिपोर्टेड हैं। हमारे भारत में पहला केस जिसमें हम दोनों बच्चों को छुड़ाकर जीवित रख पाए हैं। जग्गा का वेट आइडियल है। बलिया का कम है पर गेन कर रहा है।
पीटीसी	दोनों बच्चे माँ-बाप की गोद में हैं।
लोकेशन	एम्स को बैकग्राउंड में रखकर भी कर सकते हैं।
पीटीसी	जगह-जगह से मिली नाउम्मीदी...एक उम्मीद में ज़रूरतमन्द को यहाँ ले आती है। हारती ज़िन्दगी यहाँ बीमारी को हराती है। पुराने समय से एक ऐसा भरोसा जो आज के दौर में भी ऐसे उदाहरणों से समय के साथ-साथ और मज़बूत होता जा रहा है। नई दिल्ली से परिमल कुमार एनडीटीवी इंडिया।

स्क्रिप्ट 13

11 जनवरी, 2018

हेडिंग

जान भी गई, ऊपर से लाखों का बिल

एंकर लिंक गुड़गाँव के फोर्टिस में हुई लापरवाही के बाद अब आरोप फरीदाबाद के एशियन हॉस्पिटल पर लगा है, जहाँ 25 दिनों के भीतर क़रीब 18 लाख का बिल बना और बावजूद इसके न लड़की की जान बची और न ही उसके पेट में पल रहे बच्चे की। परिवार अब जाँच चाहता है...इंसाफ़ चाहता है।

शॉट्स अस्पताल के काग़ज़ लिए शॉट्स, काग़ज़ों को पलटने के शॉट्स, उस लड़की की तसवीर जिसकी जान चली गई, एशियन अस्पताल के शॉट्स, अस्पताल के बिल की मोटी रकम का क्लोज़ शॉट्स।

वीओ 1 पिता के हाथों में अस्पताल का भारी-भरकम बिल है और ज़बान पर अस्पताल की लापरवाही का रोना जिसने उनसे 20 साल की बेटी भी छीन ली और उसके पेट में पलनेवाले बच्चे को भी। बुख़ार की शिकायत पर 13 दिसम्बर को फरीदाबाद के एशियन हॉस्पिटल में एडमिट हुई श्वेता ने 5 जनवरी को दम तोड़ दिया और इस दौरान इलाज का बिल बना क़रीब 18 लाख का।

बाइट 1	**सीताराम नागर,** श्वेता के पिता : 18 लाख का बिल बनाया। हमने साढ़े 10 लाख रुपये ख़ुद जमा किए और डेढ़ लाख एनजीओ की मदद से मिले। कुल 12 लाख हमने दिए।
शॉट्स	कमिश्नर ऑफ़िस पहुँचे गाँव के लोगों के शॉट्स, बाप की आँखों में आँसू और उनका क्लोज़ शॉट्स चेहरे का, अस्पताल के शॉट्स जिसमें नाम लिखा है।
वीओ 2	फरीदाबाद के नचौली गाँव के ये सब लोग अब एशियन हॉस्पिटल में हुई इस लापरवाही और भारी-भरकम बिल की शिकायत करने कमिश्नर ऑफ़िस पहुँचे। पिता का आरोप है कि पेट में बच्चे के मरने की ख़बर तो दी पर पैसे जमा करने में देरी होती गई तो ऑपरेशन करने में भी देरी करते रहे जिससे इन्फ़ेक्शन शरीर में फैल गया। लेकिन अस्पताल की अपनी दलील है।
बाइट 2	**रमेश नागर,** मेडिकल डायरेक्टर, एशियन अस्पताल : हमारी तरफ़ से किसी तरह की कोई लापरवाही नहीं हुई। जब से मरीज़ पहुँचा इलाज में पैसों को लेकर कोई कोताही नहीं बरती गई। जो इलाज में बिल बनता गया बस हमने उसी का ज़िक्र बिल में किया है।
शॉट्स	बिल के शॉट्स, पिता और गाँव वालों के शॉट्स।
वीओ 3	बिल दिखाता परिवार कह रहा है कि एक दिन में 116 इंजेक्शन लगे और दवाई का बिल क़रीब साढ़े 13 लाख का बनाया। जाँच से ही हमें इंसाफ़ मिलेगा और ये लड़ाई लड़ते रहेंगे।
पीटीसी	*(पीटीसी लोकेशन हॉस्पिटल को बैकग्राउंड में रखते*

हुए पीटीसी) उस परिवार की सोचिए जो बेहतर इलाज और ज़िन्दगी के लिए अस्पताल जाता है लेकिन हफ़्तों की जद्दोजहद के बावजूद न तो माँ की जान बचती है न ही बच्चे की। ऊपर से भारी-भरकम बिल। ज़ाहिर है ऐसे मामलों में हुई ग़लतियों की पहचान बग़ैर पूरी जाँच के मुमकिन नहीं है ताकि पीड़ित पक्ष को इंसाफ़ और ज़िम्मेदार को सज़ा मिल सके। फरीदाबाद से परिमल कुमार एनडीटीवी इंडिया।

स्क्रिप्ट 14
10 जनवरी, 2018

हेडिंग

बीमारी की चपेट में घोड़े।

एंकर लिंक	घोड़ों में होनेवाली लाइलाज ग्लैंडर्स बीमारी ने दिल्ली में धीरे-धीरे पाँव पसारना शुरू कर दिया है। 7 से शुरू हुआ ये आँकड़ा अब 42 तक जा पहुँचा। गणतंत्र दिवस में परेड में शामिल होनेवाले घोड़ों को लेकर भी सरकार के सामने बीमारी से निपटने की चुनौती है और कृषि मंत्रालय ने भी बैठक बुलाई है।
शॉट्स	अस्तबल में घोड़े के शॉट्स, घोड़ों के ब्लड सैंपल लेने के शॉट्स, बीमार घोड़े की तसवीर।
वीओ 1	दिल्ली में अब 42 घोड़ों के मारे जाने की नौबत है। इनमें ग्लैंडर्स नाम की बीमारी निकली है। राजधानी के तमाम घोड़ों के ख़ून के नमूने लिये जा रहे हैं। अलग-अलग इलाक़ों में क़रीब 3000 घोड़ों में से 1500 के ब्लड सैंपल लिये जा चुके हैं जिनमें से ये 42 घोड़े हैं।
बाइट 1	**मनीषा सक्सेना**, डेवलपमेंट कमिश्नर, दिल्ली : हमने आदेश दिया है कि दिल्ली में जितने भी घोड़े हैं सबका सैंपल लिया जाए। जितने घोड़े हैं दिल्ली में उनमें से अब तक आधे घोड़ों के सैंपल लिये जा चुके हैं। अलग-अलग

	टीमें बनाई गई हैं जो तीन से चार दिनों में सभी घोड़े का सैंपल ले लेंगे।
शॉट्स	घोड़े के जेनेरिक शॉट्स।
वीओ 2	राजधानी में पहली बार दस्तक देनेवाली इस बीमारी की शुरुआत 22 दिसम्बर को पश्चिमी दिल्ली से हुई। धीरे-धीरे इसकी चपेट में—

(ग्राफ़िक्स इन)

- उत्तरी, उत्तरी-पश्चिमी, दक्षिणी और दक्षिण-पश्चिम दिल्ली के इलाक़े भी आ गए।
- इन्हें नियंत्रित इलाक़ा घोषित किया गया है।
- यानी अब तीन महीनों तक न यहाँ के घोड़े, गधे और खच्चर बाहर जा पाएँगे और न ही बाहर के इन इलाक़ों में दाख़िल हो पाएँगे।

(ग्राफ़िक्स आउट)

शॉट्स	सैंपल लेने के शॉट्स, घोड़े के शॉट्स।
वीओ 3	ग्लैंडर्स के पीड़ित घोड़ों को मारना ही इकलौता उपाय बताया जा रहा है। ग्लैंडर्स के शिकार घोड़ों में—

(ग्राफ़िक्स इन)

- 106 डिग्री तक बुख़ार
- नाक बहना
- शरीर पर गाँठें होने जैसे लक्षण मिलते हैं।
- ये बीमारी दूषित खाने और दूषित पानी से फैलती है।
- संक्रमित घोड़ों के सम्पर्क में आने पर इनसानों में भी हो सकती है।

(ग्राफ़िक्स आउट)

बाइट 2 **डॉ. जितेन्द्र गौड़,** डायरेक्टर, पशुपालन विभाग, दिल्ली : जो बीमारी के लक्षण होते हैं उनको जगह-जगह न्यूज़पेपर में हम दे रहे हैं ताकि वो लोग भी हमसे सम्पर्क कर पाएँ जिनके घोड़े में ऐसे लक्षण दिखने शुरू हुए हैं।

पीटीसी *(पीटीसी लोकेशन घोड़े को बैकग्राउंड में रखते हुए पीटीसी)* राजधानी दिल्ली के लिए नई बीमारी। एक नई परेशानी। चिन्ता लगातार बढ़ती तादाद को लेकर है और चुनौती रोकने को लेकर। सरकारी महकमा तो अपने काम में जुटा है पर जागरूक उन लोगों को भी होना होगा जिनके ज़िम्मे ऐसे पशुओं का रख-रखाव होता है। नई दिल्ली से परिमल कुमार एनडीटीवी इंडिया।

स्क्रिप्ट 15
20 दिसम्बर, 2017

हेडिंग

खुला बन्द पड़ा अस्पताल

एंकर लिंक 12 दिनों बाद दिल्ली के शालीमार बाग़ का मैक्स सुपर स्पेशलिटी हॉस्पिटल, बुधवार से नए मरीज़ों के लिए फिर से खुल गया। दिल्ली सरकार ने जुड़वाँ बच्चों में से एक जीवित नवजात को मृत घोषित करने को लेकर अस्पताल का लाइसेंस रद्द कर दिया था। अब कोर्ट ऑफ़ फ़ाइनेंशियल कमिश्नर की हरी झंडी के बाद... पाबन्दी हट गई है और नए मरीज़ों का इलाज शुरू हो गया है।

शॉट्स ताज मोहम्मद की केस स्टडी, रिक्शे पर अस्पताल के बाहर उतरते ताज, हाथ में अस्पताल के प्रेस्क्रिप्शन, परिवार के लोग दोनों तरफ़ से, ताज मोहम्मद के शॉट्स।

वीओ 1 शालीमार बाग़ के ताज मोहम्मद बीते चार साल से डायलिसिस पर हैं। इलाज मैक्स शालीमार बाग़ में ही चल रहा है पर लाइसेंस रद्द करने के दिल्ली सरकार के आदेश के बाद इन्हें घर से क़रीब 50 किलोमीटर दूर प्राइमस अस्पताल तक हफ़्ते में तीन बार डायलिसिस के

	लिए जाना पड़ा। अब 12 दिन बाद पाबन्दी हटी तो पहले वाली सहूलियत लौटी है।
बाइट 1	**ताज मोहम्मद,** मरीज़, मैक्स शालीमार बाग़ : ये अस्पताल नज़दीक है। आसानी से रिक्शे से आकर डायलिसिस करवाकर चले जाते थे। पर इस बीच में पैसे भी ज़्यादा लगे और परेशानी भी बढ़ी।
शॉट्स	अस्पताल तक पहुँची सरोज की केस स्टडी, इसके क्लोज़अप शॉट्स, हाथों में अस्पताल की डेट की पर्ची।
वीओ 2	जहाँगीरपुरी की सरोज अपनी क़िस्मत पर ख़ुश है कि अल्ट्रासाउंड करवाने की तारीख़ 20 दिसम्बर की मिली थी। बिना पता किए अस्पताल आई तो खुला मिला। नहीं तो, बिना टेस्ट के ही दूसरे मरीज़ों की तरह लौटना पड़ता।
बाइट 2	**सरोज,** मरीज़, मैक्स शालीमार बाग़ : भगवान का शुक्र है। ख़ाली हाथ नहीं लौटना पड़ेगा। मुझे तो पता ही नहीं था कि अस्पताल बन्द भी रहा। आज की तारीख़ मिली थी तो सीधे चली आई।
शॉट्स	पीड़ित परिवार के शॉट्स, दिल्ली सचिवालय और सत्येन्द्र जैन स्वास्थ्य मंत्री के शॉट्स, उपराज्यपाल के शॉट्स।
वीओ 3	दरअसल, 22 हफ़्ते के जुड़वाँ नवजात को मैक्स ने 1 दिसम्बर को मृत घोषित कर परिवार को थमा दिया जबकि उनमें से एक की साँसें चल रही थीं। बाद में 6 दिसम्बर को नवजात ने प्राइवेट नर्सिंग होम में दम तोड़ दिया। इस पर दिल्ली सरकार ने 8 दिसम्बर को शालीमार

बाग़ मैक्स सुपर स्पेशलिटी अस्पताल का लाइसेंस रद्द कर दिया। हालाँकि इन नए फ़ैसले को दिल्ली सरकार और दिल्ली के लेफ़्टिनेंट गवर्नर के बीच की खींचतान से भी जोड़ा जा रहा है।

पीटीसी अस्पताल को बैकग्राउंड में रखते हुए।

लोकेशन

स्क्रिप्ट 16

18 अक्तूबर, 2019

हेडिंग

हर दूध सेहतमन्द नहीं

एंकर लिंक	अब बात आपकी सेहत से जुड़ी हुई। देशभर में दूध के 41 प्रतिशत सैंपल गुणवत्ता के मानक पर खरे नहीं उतरे, जबकि 7 प्रतिशत सैंपल में ऐसे तत्त्व मिले जो सेहत के लिए काफ़ी घातक हैं। फ़ूड सेफ़्टी एंड स्टैंडड्र्स अथॉरिटी ऑफ़ इंडिया के लिए अब तक के सबसे बड़े सैंपल से ये खुलासा हुआ है।
शॉट्स	खटाल के शॉट्स, दूध निकालने के शॉट्स, दूध एक बर्तन से दूसरे बर्तन में रखने के शॉट्स।
वीओ 1	जो दूध आप ख़रीद रहे हैं, क्या उनमें उतने सारे फ़ायदे हैं जितने आप सोचते हैं? एफएसएसएआई के ख़ुलासे ने साफ़ कर दिया है कि उनके लिए गए सैंपल में 41 प्रतिशत दूध गुणवत्ता में फेल हो गए। इतना ही नहीं, ये भी पाया गया है कि फ़ायदे तो दूर ये आपको नुक़सान भी कर रहा है।
बाइट	**डॉ. पवन कुमार अग्रवाल,** सीईओ, FSSAI : 40 प्रतिशत से ज़्यादा मिल्क में क्वालिटी की समस्या पाई गई है।

प्रोसेस्ड मिल्क में पाया जाना भी अचरज की बात है।

(पैच)

7% मिल्क में जो सेफ़्टी का कंसर्न है उस 7 प्रतिशत में 5.7 प्रतिशत में अफलाटॉक्सिन M1 पाया गया है। देशभर में नहीं कुछ राज्यों तक है। उनको भी सतर्क कर दिया गया है।

मिड पीटीसी पैसा सेहतमन्द होने के लिए दें और बीमारी मिले तो मसला गम्भीर है। भरोसेमन्द ब्रांड भी इसमें पीछे नहीं।

शॉट्स पशु का चारा खाने के शॉट्स, डॉक्टर का कटअवेज़।

वीओ 2 दरअसल अफलाटॉक्सिन M1 की मौजूदगी ब्रांडेड दूध तक में भी मिली है जो चारे के ज़रिये मवेशी में दाख़िल होता है। डॉक्टर बताते हैं कि इससे कैंसर तक हो सकता है।

बाइट **डॉ. रवि मलिक,** बाल रोग विशेषज्ञ : ये लिवर का कैंसर भी कर सकते हैं। बच्चों के ऊपर दुष्प्रभाव होते हैं। बच्चे लें तो उनकी ग्रोथ, लिवर, गैस की समस्या आदि होते हैं। अगर इसकी मात्रा रेगुलर कन्ज़्यूम की जाए, ये कार्सिनोजेनिक भी हैं। इससे कैंसर तक हो सकता है।

शॉट्स दूध ले जानेवाले शॉट्स, बाइक और हाथ में डब्बा लेकर जाते शॉट्स।

पीटीसी सरकार की नज़र और निगरानी तो है, लेकिन फिर भी आँकड़ा परेशानी वाला है। नई दिल्ली से परिमल कुमार एनडीटीवी इंडिया।

स्क्रिप्ट 17

17 अक्तूबर, 2019

हेडिंग

ऑड-ईवन में मोटा जुर्माना

एंकर लिंक	4 से 15 नवम्बर के बीच लागू होनेवाले ऑड-ईवन के दौरान अगर आपने ग़लती की तो चार हज़ार रुपए का जुर्माना लगेगा। दिल्ली के मुख्यमंत्री और मंत्रियों पर भी ऑड-ईवन लागू होगा।
शॉट्स	गाड़ियों से निकलते धुएँ, मौसम का धुँधलापन, मास्क लगाए सड़कों पर या मॉर्निंग वॉकर्स।
वीओ 1	ज़हरीली होती हवा को लेकर दिल्ली एनसीआर में 4 नवम्बर से 12 दिनों के लिए लागू होनेवाले ऑड-ईवन के दौरान अगर गाड़ी निकालने में ग़लती की इस बार तो जुर्माना 2 हज़ार की जगह 4 हज़ार का होगा।
बाइट 1	**अरविन्द केजरीवाल,** मुख्यमंत्री, दिल्ली सरकार : आबो-हवा ठीक रहे इसलिए सख़्त आदेश हमने ज़ारी किए हैं। अगर किसी ने ग़लत नम्बर की गाड़ी निकाली मसलन ऑड वाले दिन ईवन और ईवन वाले दिन ऑड तो 4 हज़ार का चालान कटेगा।
शॉट्स	सड़कों पर गाड़ियों के शॉट्स, टू व्हीलर्स, एम्बुलेंस के शॉट्स।

वीओ 2	रविवार के अलावा ऑड-ईवन हर दिन लागू होगा। बाहर की गाड़ी से लेकर दिल्ली के मंत्री और मुख्यमंत्री भी इसके दायरे में होंगे। जिनको छूट होगी उनमें टू व्हीलर्स, हैंडीकैप्ड, इमरजेंसी व्हीकल्स के होंगे।

(ग्राफ़िक्स इन)

- राष्ट्रपति, उपराष्ट्रपति, प्रधानमंत्री, राज्यपाल, चीफ़ जस्टिस सहित अहम संवैधानिक पदों पर बैठे लोग हैं।
- 12 साल से कम उम्र का बच्चा लेकर चल रही महिलाएँ हैं।
- मरीज़ों को ले जा रही गाड़ियों को भी छूट मिलेगी।
- स्कूली बच्चों को लाने-ले जानेवाले भी छूट के हक़दार होंगे।
- सवाल ये है कि बच्चे को छोड़कर या लाने ले जाते समय गाड़ी का क्या होगा।

(ग्राफ़िक्स आउट)

शॉट्स	विजय गोयल के पीसी के, जिनके हाथ में ऑड-ईवन का पोस्टर है।
वीओ 3	बीजेपी ने केजरीवाल को ऑड-ईवन पर घेरा।
बाइट	**विजय गोयल,** नेता, बीजेपी : इस ऑड-ईवन के अन्दर 70 लाख टू व्हीलर्स अलॉय कर दिए। महिलाओं को अलॉय कर दिया। उबेर ओला को अलॉय कर दिया। ऑड-ईवन सिर्फ़ एडवरटाइज़मेंट, पब्लिसिटी, चेहरा

दिखाने के लिए बनाया है।

शॉट्स	जेनेरिक सड़कों पर दौड़ती गाड़ियों के शॉट्स।
वीओ 3	ठंड आते ही हवा ज़्यादा ज़हरीली हो रही है और राजनीति गरम। नई दिल्ली से परिमल कुमार एनडीटीवी इंडिया।

स्क्रिप्ट 18

4 नवम्बर, 2019

हेडिंग

हर मास्क प्रदूषण का इलाज नहीं

एंकर लिंक 30 तारीख़ से राजधानी दिल्ली में प्रदूषण का स्तर बेहद ख़तरनाक बना है। रविवार को तो पिछले 3 साल में सबसे प्रदूषित दिन रहा। अब तक हवा दमघोंटू है तो दुकानों में बिकनेवाला मास्क भी फुटपाथ पर बिकने लगा है। पर डॉक्टर कहते हैं हर मास्क इस ज़हरीली हवा का इलाज नहीं।

शॉट्स हाथों में फुटपाथ पर बिकता मास्क ख़रीदते लोग।

वीओ 1 ज़हरीली और जानलेवा हवा में साँस का संकट से निबटने की दुकान अब फुटपाथ तक पहुँच गई है। राह चलते तकलीफ़ महसूस हो और आप ज़रूरतमन्द, तो मास्क का बाज़ार बिलकुल आपके पाँव तले है।

वॉक्स पॉप 1 दिल्ली में हैं तो बिना मास्क के कैसे चलेंगे। हम लखनऊ से आए हैं, वहाँ तो ठीक है पर दिल्ली में हैं तो बिना मास्क के चल ही नहीं पाएँगे।

वॉक्स पॉप 2 30 रुपए में मास्क पड़ा है मुझे। मैं बाहर से हूँ। परसों आया हूँ और कल की जो धुन्ध देखी तो हिम्मत नहीं

पड़ रही थी कि घर से बाहर भी निकलूँ। रोड पर मास्क मिल गया और इसकी ज़रूरत भी है।

शॉट्स	हाथों में तरह-तरह के मास्क लिये बेचनेवाले।
वीओ 2	बेचनेवाले कह रहे हैं ज़रूरत देखी तो दो दिनों से बेच रहे हैं और लोग ख़रीद भी रहे हैं।
बाइट 1	**कन्हैया कुमार,** मास्क बेचनेवाला : (N95 मास्क भी है इसमें?) नहीं। महँगा है बिकता नहीं। अभी दो दिन से बेच रहे हैं। रोज़ दिन 400-500 बेच लेते हैं। एक दो और हमारे जैसे बेच रहे हैं सीपी में। रेट 25-30-35-40 रुपए तक है।
शॉट्स	मास्क पहने लोग।
वीओ 3	मास्क में देश का आज है।
मिड पीटीसी	जैसे हर चमकनेवाली चीज़ सोना नहीं होती, वैसे ही हर मास्क ज़हरीली हवा से लड़ने में कारगर नहीं। मैंने भी कुछ मास्क फुटपाथ से ख़रीदे हैं। अब सुनिए डॉक्टर क्या कहते हैं?
शॉट्स	तरह-तरह के मास्क देखते डॉक्टर, नेम प्लेट, कट आवेज़।
बाइट	**डॉ. एस.के. छाबड़ा,** श्वास रोग विशेषज्ञ, प्राइमस हॉस्पिटल : दो तरह के मास्क कारगर हैं। N95 और N99। ये भी ध्यान रखें कि सही जगह से ख़रीदें। ताकि ओरिजिनल हो और मैन्यूफैक्चर प्रोडक्ट उस पर छपा हो। वॉशेबल और सिंगल यूज़ वाले मास्क होते हैं। सिंगल यूज़ वाले महँगे होते हैं तो वॉशेबल खरीदें।

पीटीसी *(मास्क लगाकर पीटीसी)* मास्क मजबूरी है और हम मजबूर पर अगर फ़ायदे के लिए ख़रीद रहे हों तो जाँच-परखकर ख़रीदें नहीं तो साफ़ हवा भी नहीं मिलेगी और बेवजह जेब पर भी भारी पड़ेगी। नई दिल्ली से परिमल कुमार एनडीटीवी इंडिया।

स्क्रिप्ट 19

30 अक्टूबर, 2019

हेडिंग

'कल' की चिन्ता आज, सरकार बच्चों को दे रही है मास्क

एंकर लिंक	दीवाली के बाद दिल्ली की हवा और भी ज़हरीली हो गई है पर ऐसे मौसम में भी स्कूल खुले हैं। अब दिल्ली सरकार बच्चों से लेकर उसके परिवार तक N95 मास्क पहुँचाने में जुटी है।
शॉट्स	स्कूली बच्चे मास्क लगाए हुए, सामान्य शॉट्स बच्चों के शॉट्स, धुन्ध के शॉट्स।
वीओ 1	फ़िलहाल मास्क में है देश का भविष्य। दीवाली के बाद हवा दिन-ब-दिन और भी ज़हरीली होती जा रही है और इसकी चपेट में सब हैं।
वॉक्स पॉप 1	ख़ुद भी घुटन हो रही है। बच्चे मास्क लगाने के लिए रेडी नहीं होते। निकलना कम हो गया।
वॉक्स पॉप 2	*(पेरेंट्स)* तो स्टार्ट हो गया है इस मौसम में। साँस लेने में भी तकलीफ़ होने लगी है। आज भी मेडिसिन देकर स्कूल भेजा है।
	(एजुकेशन डिपार्टमेंट की एडवाइज़री जिसमें मुफ़्त में स्कूल में मास्क वितरण की बात लिखी है उसको बोल्ड करेंगे)

वीओ 2 अब दिल्ली सरकार का शिक्षा विभाग मुफ़्त में स्कूली बच्चों को मास्क दे रहा है।

बाइट **प्रीति कवात्रा,** चेयरपर्सन, पेटल्स स्कूल्स : एक मेल आया है। प्रदूषण का स्तर और भी ज़्यादा ख़राब हो गया है दिल्ली में तो बच्चों को बचाने के लिए आपके पास के गवर्नमेंट स्कूलों में मास्क अवॅलेबल है और किसी को भेजकर मास्क मँगवाइए। फ्री ऑफ़ कॉस्ट दे रही है सरकार।

वीओ 3 वहीं दिल्ली के मुख्यमंत्री ने कहा कि—

(ग्राफ़िक्स इन)

- 50 लाख मास्क मँगाए गए हैं
- शुक्रवार से बाँटना शुरू होगा
- ये स्कूली बच्चों के ज़रिये परिवार तक भी पहुँचेंगे
- 1 पैकेट दिया जाएगा, जिसमें दो मास्क होंगे।

(ग्राफ़िक्स आउट)

पीटीसी *(पीटीसी लोकेशन स्कूल, जहाँ बच्चे मास्क में हैं/छुट्टी के वक़्त निकल रहे हैं)* ये मुद्दा ठंड में ही सिर्फ़ गरमाता है जबकि चर्चा पूरे साल हो तो प्रदूषण की धुँधली तसवीर शायद साफ़ हो जाए। नई दिल्ली से परिमल कुमार एनडीटीवी इंडिया।

स्क्रिप्ट 20

28 अक्टूबर, 2019

हेडिंग

दीवाली ने बिगाड़ी आबोहवा

एंकर लिंक	इस साल भी दिवाली पर ख़ूब आतिशबाज़ी हुई और धुआँ दिखा। बेशक़, पिछले कुछ सालों के मुक़ाबले कम। आँकड़े देखें तो बीते 4 साल में ये सबसे कम प्रदूषण था लेकिन दिल्ली की हवा फिर भी इतनी ख़राब रही कि किसी को बीमार कर दे।
	वीटी
शॉट्स	धुँधली सड़क और धुन्ध, नगर निगम के ट्रक से सड़कों पर पानी का छिड़काव।
वीओ 1	दीवाली की अगली सुबह धुँधली रही। धुन्ध भी दिखी। हालाँकि एजेंसियाँ बता रही हैं कि इस बार प्रदूषण कम हुआ।
बाइट	**वी.के. शुक्ला,** एडिशनल डायरेक्टर, सीपीसीबी : पिछली बार से प्रदूषण कम है। मौसम भी स्टैबलाइज़ हो रहा है। उम्मीद है कि हवा की गति बढ़ेगी जिससे जो भी प्रदूषण शहरी क्षेत्र एक्यूमलेटेड है वो घटेगा।
	(पैच)

	रात में 40-50 प्रतिशत ज़्यादा था प्रदूषण आम दिनों से। रात 12-1 बजे पीक, शाम से बढ़ना शुरू।
शॉट्स	पटाखे छूटने के निशान, अलग-अलग जगहों पर पड़े काग़ज़।
वीओ 2	आँकड़ों के आईने में देखें तो ये चार साल का सबसे कम प्रदूषण है।

(ग्राफ़िक्स इन)

- साल 2019 में एयर क्वालिटी इंडेक्स 368 रहा
- वहीं 2018 में 390
- 2017 में 403
- 2016 में 445 और
- 2015 में ये 360 पर था।

(ग्राफ़िक्स आउट)

शॉट्स	लोधी गार्डन में मॉर्निंग वॉकर्स के शॉट्स।
वीओ 3	मॉर्निंग वॉक करने घर से निकले लोगों ने भी माना कि दीवाली की अगली सुबह इस बार प्रदूषण उनको कम सता रहा है।
वॉक्स पॉप 1	पिछली बार से इस बार स्थिति बेहतर है।
वॉक्स पॉप 2	लोगों ने आज मास्क भी कम पहना है। ज़्यादा प्रदूषण नहीं।

पीटीसी *(पीटीसी लोकेशन मास्क लगाए लोगों का बैकग्राउंड)* घटते प्रदूषण की ये बदलती तसवीर कुछ एजेंसियों की सख़्ती और कुछ लोगों के सहयोग के दम पर है। नई दिल्ली से परिमल कुमार एनडीटीवी इंडिया।

स्क्रिप्ट 21

20 जनवरी, 2020

हेडिंग

मोदी की परीक्षा पे चर्चा

एंकर लिंक परीक्षा पे चर्चा के ज़रिये प्रधानमंत्री नरेन्द्र मोदी ने सीधे-सीधे छात्रों से संवाद किया। प्रधानमंत्री ने तीसरी बार ये कार्यक्रम किया है। छात्रों के सवालों के जवाब दिए और उनकी पहेली सुलझाई। दिल्ली के तालकटोरा इंडोर स्टेडियम में इस आयोजन के दौरान क़रीब 2000 छात्रों के अलावा देश और विदेश तक के छात्र उनसे जुड़े।

शॉट्स मंच पर प्रधानमंत्री नरेन्द्र मोदी, छात्रों से उनके बात करने के शॉट्स, ऑनलाइन सवाल पूछते छात्र।

वीओ 1 ये प्रधानमंत्री की पाठशाला है। मोदी तीसरी बार छात्रों से परीक्षा पे चर्चा करने पहुँचे। सवाल आए और छात्रों को कूल करने का जवाब हाज़िर रहा। ज़ोर देकर कहा कि परीक्षा ही ज़िन्दगी नहीं।

बाइट 1 **नरेन्द्र मोदी,** प्रधानमंत्री : दुनिया बदल गई...सम्भावना बढ़ गई है। एग्जाम पड़ाव है...ज़िन्दगी नहीं।

शॉट्स मंच पर प्रधानमंत्री के अलग-अलग तरह के शॉट्स,

	हज़ारों लोगों के शॉट्स, जो स्टेडियम में कार्यक्रम के दौरान मौजूद थे।
वीओ 2	नसीहत बच्चों से लेकर उनके माँ-बाप को एक्स्ट्रा करीकुलर एक्टिविटी करवाने को लेकर भी दी और परिवार में स्मार्टफ़ोन के ज़रिये दूरी पैदा करनेवाले टेक्नोलॉज़ी से भी सावधान रहने का सुझाव दिया।
बाइट 2	**नरेन्द्र मोदी**, प्रधानमंत्री : क्या ये कर सकते हैं कि मैं 1-2 घंटे हर दिन 'टेक्नोलॉज़ी फ्री ऑवर' रखूँगा।
	(पैच)
	एक कमरा ऐसा जिसमें टेक्नोलॉज़ी को नो एंट्री...बिना टेक्नोलॉज़ी बैठेंगे।
शॉट्स	स्टेडियम में मौजूद बच्चों के शॉट्स, नरेन्द्र मोदी को सुनते बच्चे।
वीओ 3	10वीं-12वीं की परीक्षा से पहले की ये चर्चा बच्चों को भी भा गई।
वॉक्स पॉप	एक लड़की कह रही है कि उदाहरण देकर समझाना अच्छा लगा ख़ासकर ख़ुद का उदाहरण। दूसरी बाइट, टेक्नोलॉज़ी को लेकर जो कहा वो ज़्यादा अच्छा लगा।
पीटीसी	*(पीटीसी लोकेशन बैकग्राउंड में परीक्षा पे चर्चा का बड़ा बैनर स्टेडियम में लगा है)* कल को बेहतर करने को लेकर आज का ये संवाद है। उस भविष्य से जिसके ज़रिये देश का सुनहरा भविष्य लिखा जाना है। पहल पुरानी है पर कुछ नया करने को लेकर सोच नई। नई दिल्ली से परिमल कुमार एनडीटीवी इंडिया।

स्क्रिप्ट 22

10 फरवरी, 2020

हेडिंग

कॉलेज कैम्पस में लड़कियों से छेड़खानी

एंकर लिंक दिल्ली के गार्गी कॉलेज की कई लड़कियों ने कैम्पस में फेस्ट के दौरान छेड़खानी की शिकायत की है। आरोप है कि 6 फरवरी को एनुअल कल्चरल फेस्टिवल के दौरान लड़कों ने उनके साथ अश्लील हरकत की। सोशल मीडिया के ज़रिये रविवार को ये जानकारी आई। अब मंत्रालय से लेकर पुलिस और महिला आयोग ने इसकी तफ़्तीश शुरू कर दी है।

वॉक्स पॉप आपको मैं बता रही हूँ। मेरी सिस्टर के ऍस को लड़के *(चेहरा ब्लर)* ने टच किया है। वो 16 साल की लड़की है। आप किसी को टच कर सकते हो! मेरी कितनी सारी फ्रेंड्स के साथ ऐसा हुआ है। उनके सामने लड़के ऐसी चीज़ें-वीज़ें कर रहे हैं।

वॉक्स पॉप सिगरेट वो ओपनली पी रहे थे। They were doing drug.

(चेहरा ब्लर)

ये सुना। पर स्मोकिंग करते मैंने देखा।

(पैच)

शर्टलेस लड़के टेबल पर थे और थे were drunk.

वॉक्स पॉप आपकी आँखों के सामने क्या-क्या हुआ? स्मोकिंग।

(चेहरा ब्लर है) मेरे सामने मोलेस्टेशन नहीं हुई। लेकिन काफ़ी लड़की

(बंडी पहनी) ने आकर बताया। मेरी ख़ुद फ्रेंड्स थी उनके साथ *(लड़की)* हुआ है।

शॉट्स उस दिन के वीडियो, सिगरेट पीता लड़का, रेवेरी फेस्टिवल के शॉट्स।

वीओ 1 छेड़खानी की ये दास्तान दिल दहला देनेवाली है। गार्गी कॉलेज ने 6 तारीख़ की शाम ये सब भुगता है। सालाना होनेवाले रेवेरी फेस्टिवल के दौरान शरारती लड़कों ने कैम्पस में दाख़िल होकर लड़कियों से बदतमीज़ी भी की और छेड़खानी भी। छात्राओं ने बताया कि—

(ग्राफ़िक्स इन)

- गेट पर ठीक से चेकिंग नहीं थी, सुरक्षा के इंतज़ाम नहीं थे।
- कुछ दीवार कूदकर भी दाख़िल हुए।
- प्रिंसिपल से शिकायत हुई तो कहा गया कि असुरक्षित महसूस करती हैं तो ऐसे कार्यक्रम में मत आइए।

(ग्राफ़िक्स आउट)

बाइट 1	**रमेश पोखरियाल निशंक,** मानव संसाधन विकास मंत्री : It has come to our notice that some outsiders had entered the college, which is not right. The college administration has been asked to look into it.
शॉट्स	छात्राओं के विरोध प्रदर्शन के शॉट, प्रिंसिपल के छात्राओं की बैठक और नाराज़गी ज़ाहिर करती छात्राएँ, महिला आयोग की टीम, पुलिस के दाख़िल होते शॉट्स।
वीओ 2	नाराज़गी ज़ाहिर करते हुए गार्गी कॉलेज की छात्राओं ने सोमवार को विरोध प्रदर्शन किया। क्लास का बहिष्कार हुआ। प्रिंसिपल को नाराज़गी झेलनी पड़ी। इस बीच राष्ट्रीय महिला आयोग की टीम भी वहाँ पहुँच गई है। दिल्ली पुलिस ने ख़ुद संज्ञान लेकर जाँच शुरू कर दी है।
बाइट 2	**स्वाति मालीवाल,** अध्यक्ष, दिल्ली महिला आयोग : मामले की जाँच कर रहे हैं। दिल्ली पुलिस और कॉलेज प्रशासन को नोटिस दे रहे हैं। दोषियों को सज़ा होनी चाहिए।
पीटीसी	*(पीटीसी लोकेशन बैकग्राउंड में गार्गी कॉलेज)* कॉलेज घर जैसा ही है और घर की ऐसी तसवीर डराती है। सवाल उठाती है ऐसी सोच पर जिन्होंने इसको अंजाम दिया और कठघरे में वो भी हैं जिन्होंने इन्तज़ाम में कोताही की। नई दिल्ली से परिमल कुमार एनडीटीवी इंडिया।

स्क्रिप्ट 23

1 अक्टूबर, 2019

हेडिंग

बेटा दिलवानेवाले कॉल सेंटर का भंडाफोड़

एंकर लिंक	दिल्ली में एक ऐसे कॉल सेंटर का भंडाफोड़ हुआ है जिनका टाई अप पूरे देश भर में 100 से ज़्यादा आईवीएफ़ सेंटर से था और जो बेटे की चाह रखनेवाले दम्पती से सम्पर्क साधते फिर IVF सेंटर में भेजते जहाँ से उनको थाईलैंड, सिंगापुर और दुबई भेजा जाता था और एवज़ में क़रीब 9 लाख रुपये लिये जाते थे।
शॉट्स	मोबाइल से व्हाट्सएप वाली फुटेज...जहाँ IVF सेंटर में एक महिला से पूछताछ की जा रही है, फिर कोरिया प्लाज़ा जहाँ कॉल सेन्टर हैं उसके शॉट्स।
ब्रीद	पूछताछ करते शॉट्स, लाइव रेड का शॉट जो अधिकारी ने मोबाइल से बनाया।
वीओ 1	ये कीर्ति नगर का IVF सेंटर है जहाँ से इस रेड की शुरुआत हुई। फिर यहीं से इसके कॉल सेंटर के ज़रिये चल रहे इस गिरोह तक पर्दाफ़ाश हुआ। इसके बाद टीम ने करोल बाग़ के कोरिया प्लाज़ा में चल रहे कॉल सेंटर पर छापा मारा।

बाइट 1 **डॉ. नूतन मुंडेजा,** निदेशक, परिवार कल्याण मंत्रालय, दिल्ली सरकार : लगभग 300 कर्मचारी इस कॉल सेंटर से उन दम्पतियों से सम्पर्क कर रहे थे जिनको बच्चे नहीं हो पा रहे हैं। *(जो बेटे की चाह रखते थे)* उनसे बात करते हुए ये उनको ऑप्शन देते हैं कि जो भी दम्पती कहते हैं कि हमें लड़के की चाह है तो फ़ैमिली बैलेंसिंग के नाम पर उनको ये सुविधा उपलब्ध करवाते थे।

वीओ 2 इस रेड के दौरान टीम को—

(ग्राफ़िक्स इन)

- कॉल सेंटर में 300 लैपटॉप बरामद हुए हैं।
- अब कोशिश साइबर क्राइम और FSL की टीम के ज़रिये इनके डेटा तक पहुँचने की है, ताकि जिन दम्पतियों ने मदद ली उन तक पहुँचा जा सके।
- देशभर के IVF सेंटर्स से कॉल सेंटर चलानेवाली कम्पनी Elawomen ने MoU कर रखा था।
- 9 लाख की रक़म में Elawomen का 20 प्रतिशत का हिस्सा होता था।
- अब तक 6 लाख दम्पतियों से कॉल सेंटर के ज़रिये सम्पर्क साधा गया।
- बताया जा रहा है कि केवल दिल्ली में 200 दम्पतियों की इन्होंने मदद की है।

(ग्राफ़िक्स आउट)

वीओ 3 शुरुआती जाँच से साफ़ है कि इसमें IVF सेंटर्स से लेकर दम्पतियों पर भी कर्रवाई होगी। पर ख़ुलासा होना बचा है इसकी ज़द में कितने लोग आएँगे? नई दिल्ली से परिमल कुमार एनडीटीवी इंडिया।

स्क्रिप्ट 24

17 सितम्बर, 2019

हेडिंग

अस्पतालों का नेम एंड शेम

एंकर लिंक आयुष्मान भारत स्कीम में धोखाधड़ी कर पैसा बनानेवाले अस्पतालों के नाम 'नेम एंड शेम' की श्रेणी में डालकर पब्लिक किया जाएगा। ये अस्पताल सिर्फ़ आयुष्मान भारत स्कीम से ही हटाए नहीं जाएँगे बल्कि बाक़ी सरकारी योजनाओं और प्राइवेट इन्श्योरेंस के पैनलों से भी इन्हें बाहर किया जाएगा।

शॉट्स आयुष्यान भारत के एड का छोटा हिस्सा जिसमें लोग स्कीम के फ़ायदे बता रहे हैं।

वीओ 1 ये गाथा उनकी है जिन तक आयुष्मान स्कीम का लाभ पहुँचा। लेकिन धोखाधड़ी में अस्पताल भी पीछे नहीं और अस्पतालों ने क़रीब 2.5 करोड़ रुपए बनाए।

(ग्राफ़िक्स इन)

- धोखाधड़ी के 1200 मामले अब तक पकड़ में आए हैं।
- 376 अस्पताल जाँच के दायरे में हैं।

- 97 अस्पतालों को अब तक पैनल से हटा दिया गया है।
- 6 अस्पतालों के ख़िलाफ़ तो FIR तक दर्ज हुई हैं।

(ग्राफ़िक्स आउट)

बाइट 1	**डॉ. हर्षवर्धन,** केन्द्रीय स्वास्थ्य मंत्री : We want to send this message very loud and clear that no fraud will be accepted. हमारी योजना में नेम और शेम का प्रावधान है। जैसे-जैसे चीज़ें आएँगी, आपको पूरा ख़ुलासा करके देंगे और वेबसाइट पर डाली जाएँगी।
शॉट्स	अस्पताल में आयुष्मान के काउंटर के शॉट्स, नेशनल हेल्थ अथॉरिटी का शॉट, प्रेस कॉन्फ्रेंस के शॉट्स।
वीओ 2	आयुष्मान भारत स्कीम में सालभर के भीतर 7500 करोड़ रुपए ख़र्च हुए हैं और 45 लाख लोगों का इलाज हुआ है। अब गड़बड़ी करनेवाले अस्पतालों को सिर्फ़ आयुष्मान भारत स्कीम से ही नहीं बल्कि तमाम पैनलों से बाहर करने की योजना है।
बाइट 2	**इंदु भूषण,** सीईओ, नेशनल हेल्थ अथॉरिटी : अगर उन्होंने फ्रॉड PMJAY में किया है तो इससे तो उनको Deem panel करें ही। साथ ही साथ जो बाक़ी योजनाएँ हैं CGHS, ECHS, ESI है या प्राइवेट insurance से अगर उनका एमपैनेलमेंट है तो प्रस्ताव है कि वो भी उनको de empanel करें क्योंकि अगर कोई फ्रॉड कर रहा है तो उनको सभी योजनाओं से de empanel होना चाहिए।

शॉट्स	ग़रीब लोगों के शॉट्स।
वीओ 3	सिस्टम में सेंधमारी हुई तो निगरानी भी है। साथ में गड़बड़ियों के बीच ये चुनौती भी है कि स्कीम सही से ज़रूरतमन्द तक पहुँचे। नई दिल्ली से परिमल कुमार एनडीटीवी इंडिया।

स्क्रिप्ट 25
8 फरवरी, 2018

हेडिंग

दिल्ली पुलिस ने ली जान

एंकर लिंक दिल्ली पुलिस की लापरवाही ने एक शख़्स की जान ले ली। रिंग रोड से आनन्दवास शकूरपुर की तरफ़ रोड पर बैरिकेड से बँधे तार में बाइक पर सवार अभिषेक की गरदन फँस गई और मौत हो गई। पुलिस ने इस मामले में सुभाष पैलेस पुलिस स्टेशन के एसएचओ को लाइन हाज़िर किया है और 7 पुलिसकर्मियों को सस्पेंड कर दिया।

शॉट्स मारनेवाले के घर पर हर तरफ़ चीख़-पुकार, रोना-पीटना, मृतक की माँ के आँखों से बहते आँसू का क्लोज़अप, लड़के की तसवीर, सीसीटीवी फुटेज के शॉट्स जिसमें ये हादसा रिकॉर्ड हुआ।

वीओ 1 किसी अपने को खोने का मातम है। आँसू थम नहीं रहे। पुलिस की लापरवाही ने इस माँ से उसका लाल छीन लिया। 22 साल का अभिषेक, बुधवार रात क़रीब डेढ़ बजे बाइक से घर आ रहा था कि अचानक गिर पड़ा। *(सीसीटीवी फुटेज)* दरअसल दो बैरिकेड के बीच बँधा तार उसके गले में उलझा और फिर जान चली गई।

बाइट 1	**सुनीता देवी,** मृतक अभिषेक की माँ : जैसे मेरा लड़का दुनिया से चला गया वैसे ही उनको भी फाँसी होनी चाहिए। कार्रवाई क्या है? ड्यूटी छूटेगी घर बैठ जाएँगे। ज़िन्दा तो तब भी रहेंगे वे। मेरा बच्चा तो दुनिया से चला गया। भइया उनको सज़ा होनी चाहिए। इंसाफ़ चाहिए हमको।
शॉट्स	थाने के शॉट्स, सस्पेंड पुलिस वालों की तसवीर।
वीओ 2	इस मामले में थाना सुभाष पैलेस पुलिस स्टेशन के एसएचओ अरविन्द कुमार को लाइन हाज़िर किया गया है। साथ ही एसआई सन्दीप डबास और एएसआई रविन्द्र समेत सात पुलिसवालों को सस्पेंड किया गया है।
बाइट 2	**असलम ख़ान,** डीसीपी, नॉर्थ वेस्ट दिल्ली : बैरिकेड चार होते थे। चार बैरिकेड पर तार बाँधा जाता था। परसों रात में चार बैरिकेड में से दो हटा दिए गए। बैरिकेड हटाकर भी तार नहीं हटाए गए। ऐसा यूजुअल नहीं है। ये नेगलिजेंस है स्टाफ़ की। इसी नेगलिजेंस पर हमने एक्शन लिया है।
शॉट्स	पिता के शॉट्स, मृतक लड़के की तसवीर।
वीओ 3	पिता ड्राइवर हैं लिहाजा कभी-कभी कैब भी चलाता था। सेकंड इयर में पढ़नेवाला अभिषेक दिल्ली पुलिस में शामिल होने के लिए तैयारी कर रहा था पर वही पुलिस उसकी मौत का सबब बन गई।
पीटीसी	*(पीटीसी लोकेशन जहाँ पर ये हादसा हुआ, बैकग्राउंड में दोनों बैरिकेड)* दो बैरिकेड के बीच बँधा तार एक शख़्स के लिए फंदा बन गया। ज़िम्मेदार वो ख़ाकी है

जिस पर लोगों की रक्षा की जवाबदेही है पर उसकी ये लापरवाही जानलेवा साबित हुई। डैमेज कंट्रोल के नाम पर कार्रवाई तो हुई पर जिनके घर का चिराग छिन गया उसकी भरपाई भला कैसे हो? नई दिल्ली से परिमल कुमार एनडीटीवी इंडिया।

2

पीटीसी (पीस टू कैमरा)

'एडिटोरियल लाइन' रिपोर्टर की पैनी नज़र और रिपोर्टिंग का नज़रिया

क्या है पीटीसी?

पीटीसी अर्थात पीस टु कैमरा, किसी रिपोर्ट में रिपोर्टर द्वारा कैमरे के सामने की गई सम्पादकीय टिप्पणी होती है। इसको संक्षिप्त, सारगर्भित और सम्पूर्ण होना चाहिए।

पीटीसी के ज़रिये रिपोर्टर की गम्भीरता, रिपोर्ट को लेकर उसकी समझ और उसकी जानकारी के दायरे का भी अन्दाज़ा दर्शक लगा सकते हैं, लगाते हैं। लिहाज़ा इसको लेकर काफ़ी सतर्क रहने की ज़रूरत है। ऐसा नहीं कि सिर्फ टीवी पर आने की ललक में पीटीसी की जाए।

ग्राउंड पर रिपोर्टर शॉट्स से बाइट तक का काम अकसर आसानी से समेट लेता है। लेकिन जब बारी पीटीसी करने की आती है तो अमूमन यह सवाल उसके जेहन में आता है कि 'अरे, पीटीसी क्या करें?'

वास्तव में पीटीसी के सन्दर्भ में अहम चुनौती इस बात की होती है कि फ़ील्ड में रिपोर्टर को अपनी रिपोर्ट समेटने को लेकर एक एडिटोरियल लाइन तय करनी होती है। बेहतर पीटीसी के लिए रिपोर्टर की नज़र और नज़रिया दोनों की अहमियत है।

पीटीसी के तीन प्रकार हैं :

1. ओपनिंग
2. मिड

3. एंड पीटीसी

ओपनिंग पीटीसी

कहानी की शुरुआत में की जानेवाली पीटीसी है। यह इसके नाम से ही साफ़ है। अमूमन डॉक्यूमेंट्री या लॉन्ग फ़ॉर्मेट रिपोर्ट में ओपनिंग पीटीसी की जाती है।

मिड पीटीसी

इसका उपयोग एक कनेक्टर के तौर पर किया जाता है। जहाँ कोई बाइट नहीं मिली हो वहाँ मिड पीटीसी के ज़रिये दूसरे वॉइस ओवर पर आसानी से शिफ़्ट किया जा सकता है। इसका उपयोग भी ज़्यादातर डॉक्यूमेंट्री में किया जाता है। कभी-कभी रोज़ाना की स्टोरी में भी हम मिड पीटीसी करते हैं।

एंड पीटीसी

यह रिपोर्ट के अन्त में आता है। चौबीसों घंटे, ख़बरों की आवाजाही में जिसे पीटीसी का सबसे अधिक उपयोग होता है, वह पीटीसी ही है।

स्टैटिक और मूविंग पीटीसी

स्थिर और गति के हिसाब से पीटीसी के दो प्रकार हैं—मूविंग पीटीसी। रिपोर्ट के हिसाब से यह रिपोर्टर को तय करना होता है कि वह किस जगह स्टैटिक पीटीसी का उपयोग करेगा और किस जगह मूविंग पीटीसी का। सबसे अहम है कि सब्जेक्ट जिस पर आप स्टोरी कर रहे हों उससे जुड़ी कोई चीज़ रिपोर्टर के बैकड्रॉप यानी पीछे कैमरे के फ्रेम में ज़रूर दिखे। यहाँ यह भी बताना ज़रूरी है कि लोकेशन की भी एक अलग भूमिका है।

पीटीसी करने की कुछ वजहें हैं। पहली, इसके ज़रिये आप स्टोरी की ज़िम्मेदारी स्वीकार करते हैं। दूसरी, इससे पता चलता है कि रिपोर्टर ग्राउंड पर

है और तीसरी बात, अख़बार की तरह टीवी में यह एक तरह की बाइलाइन है जिससे टीवी रिपोर्टर को क्रेडिट और पहचान मिलती है।

कैसे की जाए अच्छी पीटीसी?

एक अच्छी पीटीसी तभी सम्भव है जब आप कुछ शर्तों को पूरा करें :

- ख़बर के अलग-अलग आयामों की जानकारी
- देश-दुनिया में चल रहे घटनाक्रम की अच्छी समझ
- भाषा पर अच्छी पकड़
- पढ़ने-लिखने की नियमित आदत

ख़ुद की समझ जितनी पुख़्ता होगी, उतना ही बेहतर पीटीसी मुमकिन है। कुछ रिपोर्टर शेरो-शायरी का इस्तेमाल करते हैं तो कई मुहावरों और लोकोक्तियों को जोड़ते हैं। कई रिपोर्टर नामचीन हस्तियों के कथनों का भी अपने पीटीसी में प्रयोग करते हैं। इसमें शक नहीं कि मुहावरेदार भाषा अधिक प्रभावी होती है। लेकिन ऐसी भाषा का प्रयोग करना तभी सम्भव होगा जब आप शेरो-शायरी, मुहावरों, लोकोक्तियों और हस्तियों के कथनों से वाक़िफ़ हों। ये जानकारियाँ दिमाग़ में होंगी तभी कहानी के हिसाब से उपयुक्त जगह पर उनका इस्तेमाल कर पाएँगे। पढ़ने-लिखने की नियमित आदत ऐसी जानकारियाँ अर्जित करने में काफ़ी कामगर होती हैं।

मौक़े पर पीटीसी

स्क्रिप्ट वाले अध्याय में पीटीसी का ज़िक्र हो चुका है। पर इस अध्याय में स्टोरी लाइन का ज़िक्र करते हुए अलग से पीटीसी का संकलन प्रस्तुत है जिनसे गुज़रकर आप पीटीसी को लेकर एक व्यावहारिक समझ बना पाएँगे।

सन्दर्भ : रेल बजट से पहले किराए में बढ़ोतरी

(बात तब की जब अलग से रेल बजट पेश होता था)

पब्लिक, पब्लिसिटी और पैंतरा। पहले आम बजट की लिस्ट से पेट्रोल और डीजल को ग़ायब किया। अब रेल बजट से उसके किराए को। बजट पर बड़े तबके की नज़र होती है। लिहाज़ा बढ़ोतरी शब्द को ही बजट से ग़ायब कर दिया गया। क्या बजट के वक़्त पब्लिक के बीच पब्लिसिटी बटोरने का ये नया सरकारी पैंतरा है, लेकिन जनतंत्र में जनता जनार्दन है। पब्लिक है, ये सब जानती है।

सन्दर्भ : तत्काल टिकट की ब्लैकमार्केटिंग

तत्काल टिकट लेना किसी जंग से कम नहीं और जब जंग है तो एक्सपेक्टेशन भी है और फ्रस्ट्रेशन भी। हालाँकि रेलवे ने यात्रियों से अपील भी की और अपनी दलील भी दी लेकिन सिर्फ़ दलीलों से काम नहीं चलता...इन्तज़ार हमें बदलाव का है।

सन्दर्भ : रिकॉर्ड तोड़ सर्दी

न अमीरी, न ग़रीबी। ये मौसम की मार है जो हर किसी को होने का एहसास कराती है। सक्षम और सबल है तो सर्दी बेअसर है। अक्षम और लाचार है तो कराह उठेंगे। वैसे भी क़ुदरत पर किसी का बस नहीं और जब बेबस हैं तो सर्दी का सितम बस सहते जाइए।

सन्दर्भ : रिकॉर्ड तोड़ गर्मी

मॉनसून अब तक रूठा है और मौसम का मिजाज़ तीखा। सेहत के लिए ये संकेत शुभ नहीं। ऐसे में सावधानी में ही सुरक्षा है।

सन्दर्भ : मौसम बारिश का

नफ़ा, नुक़सान...बारिश...बदहाली और वातावरण। सिक्के के दो पहलू होते हैं और कई बार एक पहलू, दूसरे पर इतना हावी होता है कि दूसरा दिख ही

नहीं पाता। बात सूरत और सीरत की है। बारिश के बाद सूरत बिगड़ती ज़रूर है, लेकिन मौसम की सीरत भी कुछ कम नहीं सँवरती।

सन्दर्भ : चाँदनी चौक (भागीरथ पैलेस) में आग

आग लगी...घंटों बीते और सफलता भी मिली। जान का नुक़सान तो नहीं, लेकिन माल का नुक़सान ज़रूर हुआ है। मशक़्क़त दमकल की गाड़ियों को करनी पड़ी और चुनौती सँकरी गलियाँ बनीं।

सन्दर्भ : ख़ाकी पर जब सवाल, तब जवाब गिरफ़्तारी से

पुलिस और कानून व्यवस्था पर जब सवाल उठे तब कार्रवाई हुई। लेकिन जब ख़ाकी का ख़ौफ़ ही न हो तो गिरफ़्तारी भर से दबंगों की दबंगई क्या दम तोड़ेगी? गम्भीर दिखाने के नाम पर पुलिस ख़ुद की पीठ थपथपा सकती है लेकिन दबंगों के आगे गुड़गाँव में क़ानून व्यवस्था के दब्बूपन को पुलिस झुठला नहीं सकती।

सन्दर्भ : कैपिटल या क्राइम कैपिटल?

सवाल है कि नारी क्या अब भी अबला है और अपराधियों के बीच पुलिस का ख़ौफ़ दम तोड़ रहा है। कहते हुए दुख होता है पर सच है कि क्या सुबह... क्या शाम। राजधानी महिलाओं के लिए तनिक भी महफूज़ नहीं और इस बात को कहने में कोई झिझक नहीं कि ये कैपिटल नहीं क्राइम कैपिटल है। ज़रा सँभल के।

सन्दर्भ : भरोसे का कत्ल, नोएडा में दोस्तों ने किया गाड़ी में गैंगरेप

ग़लती करने पर सज़ा तो समझ में आती है, लेकिन जिसकी ग़लती नहीं वो भी इस दर्द को ताउम्र नहीं भूल पाएगी और अपने-आप में ये किसी सज़ा से कम नहीं। दोस्ती भरोसे का रिश्ता होता है और गैंगरेप उसी भरोसे का कत्ल है।

सन्दर्भ : कोर्ट के ऑर्डर पर गाड़ियों में काले ग्लास (ब्लैक फ़िल्म) पर बैन

बात रील लाइफ की नहीं...रीयल लाइफ़ की है। ये एक ऐसी फ़िल्म है जो

गाड़ी के भीतर रीयल पिक्चर को नहीं दिखाती और ऐसे में कई बार चलती गाड़ी में डर्टी पिक्चर का वाकया भी सुर्खियाँ बनता है। फ़िल्म लगाने के पीछे दलील सूर्य की रोशनी से बचने की होती है, लेकिन कोर्ट और ट्रैफ़िक पुलिस की मानें तो कार्रवाई से तभी तक बचा जा सकता है जब तक अन्दर की तसवीर धुँधली ना हो।

सन्दर्भ : घर में बाल मज़दूरी, फिर पिटाई से पैर-हाथ की हड्डी टूटी

बालक, बेरोज़गारी और बेरहमी। रोज़गार देने के नाम पर घर में पहले बाल मज़दूरी और फिर बेरहमी से पिटाई। मामले दोनों संगीन हैं। सवाल है कि ज़माना बदल गया...हालात भी बदले पर सोच अब भी बदलनी बाक़ी है।

सन्दर्भ : ऑटो ड्राइवर ने दो लड़कियों को बचाया गुंडों से

जज़्बा बचाने का और जोखिम की परवाह तक नहीं। ये दास्ताँ दिल और दिलेरी से जुड़ी है। ग़लत के ख़िलाफ़ आवाज़ भी उठाने की हिम्मत दिखाई और अंजाम तक पहुँचाने का हौसला भी।

सन्दर्भ : दिल्ली में रामदेव की गिरफ़्तारी का ड्रामा,
राजबाला नाम की महिला हॉस्पिटल में

योग, निरोग और हठयोग। इस मामले में ये तीनों शब्द काफ़ी अहम हैं। दलील, योग के ज़रिये निरोग रहने की लेकिन बाबा का हठयोग और पुलिस की कार्रवाई इन्हें अस्पताल के बिस्तर तक ले गई।

सन्दर्भ : कालिंदी कुंज पुल महीनेभर के लिए वनवे

'मिनटों का सफ़र घंटों में' एक मुहावरा भले हो, लेकिन मरम्मत, मजबूरी और सड़कों पर ट्रैफ़िक की मारामारी ने कुछ ऐसा ही माहौल पैदा किया है। मजबूर हम भी हैं और प्रशासन भी। एक तरफ़ सुरक्षा का सवाल है तो दूसरी तरफ़ सुविधा का। लेकिन अब निगाहें मरम्मती के काम की रफ़्तार पर टिकी है ताकि सड़कों पर फिर से गाड़ियों की रफ़्तार बरकरार हो सके।

सन्दर्भ : टोल टैक्स से मुक्ति

हालत, हक़ीक़त और हालात। हालत यही कि आज रफ़्तार पर कोई ब्रेक नहीं...न कोई रोकनेवाला है...न टोकनेवाला है। 15 दिनों तक लोगों को टोल का टेंशन नहीं। करोड़ों की चपत कम्पनी को लगेगी, लेकिन हक़ीक़त यही है कि बिना सज़ा सुनवाई नहीं होती। उम्मीद यही कि हालात बदलेंगे। समय की बचत होगी और ईंधन की भी।

सन्दर्भ : दिल्ली में 50 ऑरेंज बस रोड पर

बसों को लेकर कुछ हद तक बेबसी दूर होगी क्योंकि ऑरेंज बसों की नई खेप को ग्रीन सिग्नल मिल गया है। उम्मीद यही कि बसों का रंग बदला है तो रंगत भी बदले।

सन्दर्भ : सड़कों पर ट्रैफ़िक को लेकर वीवीआईपी बनाम आम आदमी

मुद्दा पुराना है पर बहस नई है। आम और ख़ास का फ़र्क़ हमेशा से दिखता रहा है। एक तरफ़ सुरक्षा का सवाल है तो दूसरी तरफ़ लोगों की सुविधा का। अब सवाल है कि समझौता आख़िर किससे किया जाए ?

सन्दर्भ : सड़कों पर रात होते ही ट्रकों का टेरर

ओपनिंग पीटीसी—न तो ज़्यादा हम आँकड़ों का हवाला देंगे और न ही नियम और क़ायदे-क़ानून की दुहाई। थ्योरी के लिए आर्टिकल और गूगल ही ज़िन्दाबाद। आज हम अपनी रिपोर्ट के ज़रिये प्रैक्टिकल का पोस्टमार्टम करेंगे।

सन्दर्भ : डीटीसी बस को आड़ी-तिरछी चलाना, बस स्टॉप पर न रोकना

राजधानी में बसों का नज़ारा नज़रों के सामने है। मुसाफ़िर मजबूर हैं और ड्राइवर मगरूर। हम रिपोर्ट के ज़रिये हक़ीक़त तो दिखा सकते हैं। हरकत में सम्बन्धित विभाग को ही आना होगा...चालान का चलन शायद काफ़ी नहीं... सबक़ सख़्ती से ही मिलेगा।

सन्दर्भ : सेंस ऑफ़ रेड लाइट

बत्ती के लाल से हरा या हरा से लाल होने के बीच हर कोई तेज़ी से निकलना चाहता है। चाहे वो राही हो या फिर गाड़ी हो। संयम से ज़्यादा हड़बड़ाहट होती है और दुर्घटना ज़रूरी नहीं दो की ग़लती से हो, ग़लती किसी एक की होगी और भुगतना दोनों को होगा।

सन्दर्भ : पावरग्रिड फेल

हर चीज़ पर मानो ब्रेक लगा रहा। सुबह 3 बजे से घरों की बत्ती गुल...बाहर मेट्रो को पटरी पर लौटने में 3 घंटों का वक़्त लगा। ट्रेन ट्रैक पर ट्रबल में दिखीं। सड़कों पर ट्रैफ़िक रेंगती नज़र आई। ये 'पावर' की पावर है जो घर से बाहर तक दिखा।

सन्दर्भ : डीयू एडमिशन में नम्बर गेम

अच्छे कॉलेज का सपना अंक तय करते हैं। मसलन अव्वल कॉलेज चाहिए तो अव्वल अंक लाइए।

हो भी क्यों न, दौर कंपटीशन का है तो कॉलेज को नम्बर से कम्प्रोमाइज़ नहीं और छात्रों को कॉलेज से।

सन्दर्भ : दिल्ली यूनिवर्सिटी स्टूडेंट इलेक्शन

कैंपस की नेतागीरी का आज सुपर फ़ाइनल है, लेकिन छक्का किस-किस ने मारा इसके लिए इन्तज़ार करना होगा। दम-खम हर किसी ने झोंका है पर वोटों की गिनती के बाद ही पता चलेगा कि आख़िर दमदार कौन है और छात्रों का उम्मीदवार कौन?

सन्दर्भ : डीयू में एबीवीपी की गुंडागर्दी

ये सत्ता का टशन है और यही वजह है कि कैंपस में एबीवीपी तंत्र लोकतंत्र पर हावी है। शायद लुई सोलहवें के उस कथन की तरह जिसमें उसने कहा था आई एम द स्टेट। हो सकता है इनमें से कुछ चेहरे कल को राष्ट्रीय राजनीति का

हिस्सा होंगे...ऐसे में सोचना बेमानी है कि ये सूरत, देश की सीरत बदल देंगे।

सन्दर्भ : स्वीपर पोस्ट के लिए ग्रेजुएट लोगों ने किया आवेदन

इंट्रो पीटीसी *(लॉन्ग फ़ॉरमैट)*—नमस्कार, मैं परिमल कुमार! आज बात डिग्री बनाम बेरोज़गारी की। सफ़ाई कर्मचारी के लिए ज़रूरत पाँचवीं पास, लेकिन ज़रूरतमंद ग्रेजुएट भी। आपको हैरानी हो, लेकिन नौकरी की मारामारी के इस दौर में सफ़ाई कर्मचारी के पद के लिए ग्रेजुएट लोगों ने भी आवेदन किया है। सवाल...पेट, परिस्थिति और परिवार का है।

सन्दर्भ : जाट रिज़र्वेशन की माँग मर्सिडिज़,
बीएमडब्ल्यू से जंतर-मंतर पर पहुँचे लोग

बात हक़ और हक़ीक़त की है। यहाँ उमड़ा हुज़ूम हक़ की दुहाई भले दे रहा हो, लेकिन इनमें से बहुतों की हक़ीक़त राजशाही वाली है। न कमी ठाट-बाट में है और न ही शानो-शौकत में। ऐसे में यहाँ सवाल उठना लाज़िमी है कि ये कवायद महज़ आरक्षण की बहती गंगा में हाथ धोने की है या फिर वाकई जाटों के बीच ज़रूरतमन्द को हक़ दिलाने की?

सन्दर्भ : रोहिणी में रामलीला मंचन को लेकर सुरक्षा कारणों से पुलिस को एतराज़

मंचन पर संकट है। क़ानून का रोड़ा है। न रावण हँसेगा...न राम का तीर चलेगा। बुराई पर अच्छाई की जीत के त्योहार की तैयारियाँ तो हैं, लेकिन प्रशासन तैयार नहीं। ऐसे में यहाँ रामायण नहीं पर उम्मीद हमारी यही कि बुराई हारे और अच्छाई जीते।

सन्दर्भ : ऑटो-टैक्सी स्ट्राइक (मुद्दा किराया बढ़ोतरी का)

मुसाफ़िर, मुसीबत और मनमानी। कुछ माँगें तो कुछ मुद्दों पर विरोध। मनमानी की कहानी भी नई नहीं। मुसाफ़िर फ़िलहाल 24 घंटों के लिए मुसीबत में हैं। अगर किराया बढ़ा तो मुसीबत मिनट-मिनट और हर दिन की होगी।

सन्दर्भ : पानी की किल्लत (टैंकर पर मारामारी)

कभी पढ़ा था कि शब्दों से कहीं ज़्यादा तसवीरें बयाँ करती हैं। देख भी लिया...आप भी देखिए। लोगों की हालत समझी जा सकती है और अन्दाज़ा हालात का लगाया जा सकता है। ये दिल्ली की प्यासी जनता है और ये पानी जुटाने की जंग है।

सन्दर्भ : प्याज़ 60-80 रुपए किलो

यूँ तो काटने पर प्याज़ हमेशा रुलाता है लेकिन अब ख़रीदने पर ही रुलाने लगा है। असर खाने के ज़ायके पर पड़ा है। पॉकेट पर महँगाई भारी है। ऐसे में स्वाद से समझौता करने में ही समझदारी है।

सन्दर्भ : सब्ज़ी के दाम आसमान पर

ओपनिंग पीटीसी

अब बात सब्ज़ियों के सितम की। मंडी का रेट हो या फिर रिटेल का हाल। हरी सब्ज़ियों की क़ीमत मुँह चिढ़ाती नज़र आती है। हमने क़ीमत का भी जायज़ा लिया और असर की पड़ताल की।

सन्दर्भ : सस्ते सिलिंडर अब 6 की जगह 9 मिलेंगे

ओपनिंग पीटीसी

सिलिंडर, सरकार, समस्या और सहानुभूति। सरकार ने ही सिलिंडर को लेकर लोगों के लिए समस्या पैदा की थी और अब उस संकट से उबारने के लिए सीमित संख्या का दायरा बढ़ाकर सरकार ही सहानुभूति बटोरने के चक्कर में है। चुनाव के पहले की ये चाल है। चतुराई बस इतनी कि सीमित संख्या के दुख पर दायरा बढ़ाने का सुख भारी पड़े।

इंड पीटीसी

तकलीफ़ की वजह भी सरकार...तारीफ़ भी सरकार की। रियायत तो मिली, लेकिन पक्के तौर पर राहत नहीं।

सन्दर्भ : बीजेपी का मिशन 272+

चेहरा, चुनाव और चुनौती। हर पहलू पर चिन्तन-मंथन। कवायद सत्ता पर क़ाबिज़ होने की है। सामने विधानसभा चुनावों की चुनौती है...आगे लोकसभा चुनाव पर नज़र। रणनीति बेशक चारदीवारी के भीतर बने लेकिन फ़ैसला चुनाव रणभूमि में होगा।

सन्दर्भ : मोदी के जन्मदिन का सेलिब्रेशन, कार्यकर्ताओं ने मनाया अलग-अलग अन्दाज़ में

कभी सुना गांधी परिवार का गुणगान और अब मेरा मोदी महान। जन्मदिन मनाने के बहाने ख़ुद की पहचान बनाने की ये कवायद है। सियासत की भाषा में इसे हवा बनाना कहते हैं और इसमें कोई पीछे नहीं छूटना चाहता। पीछे छूटनेवाला कार्यकर्ता ही रहता है। तो मकसद एक ही—वो भी नज़र में आएँ तो कभी नेतृत्व भी मिलेगा और वो भी नेता बनेंगे।

सन्दर्भ : शीला दीक्षित सरकार के 15 साल की उपलब्धि

बातें सिर्फ़ गुड़ी-गुड़ी, शासन पर गुमान और अपना बखान। सच है शीला के शासन में दिल्ली की सूरत बदली है...विकास भी दिखता है लेकिन सुकून के इन पलों के साथ-साथ...अफ़सोस के लम्हे भी नहीं भूले जा सकते। बताने की ज़रूरत नहीं आप जनता हैं और आप सब जानते हैं।

सन्दर्भ : दिल्ली विधानसभा चुनाव 2013 से पहले फूड सिक्यूरिटी बिल लॉन्च

जनता भूखी है और भूख सरकार को भी है। एक भूख पेट की है तो दूसरी सत्ता की। चुनावी साल है लिहाज़ा बात वोट बैंक बनाने की और भुनाने की भी, लेकिन भरोसा भोजन का है जिसे साफ़ तौर पर ख़ारिज भी नहीं किया जा सकता।

सन्दर्भ : एनडीटीवी का माई नेम इज़ मुख्यमंत्री प्रोग्राम

ओपनिंग पीटीसी

हमारे साथ हैं डॉ. हर्षवर्धन जिन्हें हैट्रिक ने हैट्स ऑफ़ किया है। चार बार विधायक रह चुके हैं। मौक़ा पाँचवाँ है, लेकिन इस बार जीत की ज़िम्मेदारी ख़ुद की ही नहीं...वनवास काट रही पार्टी की नैया को भी पार लगाने की है।

सन्दर्भ : 1000 वोटों के भीतर जीत-हार,
बदल गया सत्ता का समीकरण

ओपनिंग पीटीसी

चुनाव में ऐसे तो एक-एक वोट क़ीमती है, लेकिन जब जीत और हार का फ़ासला हज़ारों में हो तो एक-एक वोट का जुमला कमज़ोर पड़ जाता है, लेकिन बात जब सौ वोटों से समीकरण बदलने की हो तो टक्कर काँटे की होती है और मुक़ाबला दिलचस्प। आज बात ऐसी ही दिलचस्प विधानसभा सीटों की, जहाँ पिछली बार हज़ार वोट के भीतर सत्ता का समीकरण बदल गया था।

सन्दर्भ : दिल्ली चुनाव परिणाम—हंग असेंबली,
आम आदमी पार्टी का जनमत संग्रह

वादा न कमल के साथ जुड़ने का, न हाथ का दामन थामने का। कोई सहारा नहीं, कोई साथ नहीं और कोई समझौता भी नहीं। वैसे तो दावा कभी पार्टी बनाने का भी न था...पार्टी भी बनी...अप्रत्याशित जीत भी मिली। मकसद जनता की सेवा है, लेकिन उसके लिए सत्ता चाहिए। 'आप' उलझन में हैं और हल आपसे चाहिए। हालत जो भी हो...हक़ीक़त का इशारा सिर्फ़ एक ही है... चित भी मेरी और पट भी मेरी ही।

सन्दर्भ : दिल्ली चुनाव परिणाम—आपको बहुमत

जीत फ़िल्मी नहीं...जनता का फ़रमान है जिसने न कमल को सही से खिलने

दिया...न ही हाथ का जादू चलने दिया। लोकतंत्र में जनादेश के माध्यम से ये ऐसी क्रान्ति है जिसकी कल्पना शायद 'आप' ने भी नहीं की होगी।

सन्दर्भ : आप टोपी (फ़ैक्टरी में बनने से लेकर शॉप में बिकने तक)

पहचान हर किसी को चाहिए...पार्टी को भी और उससे जुड़ी पब्लिक को भी। प्रचलन पुराना है...पार्टी नई...लिहाज़ा विस्तार के लिए ये ज़रिया प्रचार का भी है। टोपी भले आम आदमी की हो, लेकिन पहनते ही पहचान ख़ास के तौर पर होती है।

सन्दर्भ : दिल्ली की वोटर लिस्ट में ख़ामियाँ

एक बार फिर आज बात वोट के खोट की। मरे लोग वोटर लिस्ट में अब भी ज़िन्दा हैं और जो जीवित हैं उनके नाम नदारद। वोट का खोट ख़बर के ज़रिये इस तरह की कमियों को लेकर हम पहले भी ख़बरदार कर चुके हैं, लेकिन ख़ामियाँ अब भी बरकरार हैं।

सन्दर्भ : नर्सरी दाख़िले में न्यू प्वाइंट सिस्टम का आदेश

बच्चे भविष्य हैं, परिवार के भी और देश के भी। ये पहल भविष्य के वर्तमान को सँवारने की है। दाख़िले की दौड़ में पिछड़ते बच्चों के लिए मैनेजमेंट कोटे का ख़ात्मा एक मौक़ा है। ज़रूरी नहीं, हर किसी के लिए ये मनभावन हो, लेकिन एक बड़े तबक़े के लिए मिशन एडमिशन की राह आसान ज़रूर हो गई है।

सन्दर्भ : भारत ने पहली बार ख़ुद से बनाया तेजस फ़ाइटर

मुल्क है तो मुसीबत भी। ख़ुद की नीयत साफ़ है और लड़ाई पर यक़ीन नहीं... पर पड़ोसी मुल्कों की नीति और नीयत पर भरोसा बेमानी है तो लड़ाकू चाहिए। इसी दिशा में फ़ौलाद से दिखनेवाले इस फ़ाइटर को बनाने की पहल ख़ुद की है और कहना ग़लत नहीं कि ख़ुद को कर बुलन्द इतना कि ख़ुदा तुझसे पूछे बंदे तेरी रज़ा क्या है?

सन्दर्भ : उत्तराखंड आपदा

उत्तराखंड का हादसा ये बताने को काफ़ी है कि हम आज भी भगवान भरोसे ही हैं। भले ही दावे 21वीं सदी के तकनीक के किए जाएँ। उत्तराखंड की बाढ़ ने सब कुछ धो डाला। चाहे वो सिस्टम हो, सरकार हो या फिर बुनियादी ढाँचे के विकास को लेकर किए जानेवाले दावे।

सन्दर्भ : एलजीबीटी प्राइड मार्च

साल के 365 दिन ख़ुद का शिकार रहनेवाले इन तबक़ों के लिए सिर्फ़ एक दिन ही अपना होता है। नर और नारी के क़ुदरती बँटवारे से हटकर अदालत ने बेशक़ इनको लेकर काफ़ी उदारता बरती हो, लेकिन समाज का कलेजा पिघलने में अभी वक़्त लगेगा।

सन्दर्भ : एसिड अटैक विक्टिम अनु मुखर्जी को सुप्रीम कोर्ट के आदेश के बाद मिली नौकरी

आँखों के आगे अब तक अँधेरा ही छाया था, लेकिन कोर्ट ने नौकरी के ज़रिये रोशनी देने की कोशिश की है। सहानुभूति तो समाज से लेकर सरकार तक ने दिखाई, लेकिन वाक़ई मदद अब हो पाई है। कोर्ट ने राह दिखाते हुए बता दिया है कि ऐसे मामलों में कम-से-कम क्या होना चाहिए।

सन्दर्भ : पॉलिथिन से परेशानी

आज का नफ़ा...कल का नुक़सान। ये जुमला पॉलिथिन पर सटीक बैठता है और इसका असर मवेशी से लेकर मनुष्य तक पर पड़ता है। हम बीमारी फैला रहे हैं और बीमारी घर तक ला रहे हैं। ज़रूरत सोचने और सँभलने की है। सोचेंगे तो बदलाव मुमकिन है।

सन्दर्भ : एम्स में 2010 से 2013 तक 6 डॉक्टरों ने की ख़ुदकुशी

आख़िर खोट किसमें है...छात्रों में या फिर संस्थान में क्योंकि ये बात भी कम

हैरानी की नहीं कि दूसरों का इलाज करने का सपना देखनेवाले छात्र तनाव की वजह से अपनी ही ज़िन्दगी की लड़ाई हार जाते हैं।

सन्दर्भ : पाँव पसारता डेंगू

डेंगू, डंक और डर। आँकड़े डरा ज़रूर रहे हैं, लेकिन सिम्प्टम का इशारा डर की तरफ़ नहीं...ज़रूरत सतर्क रहने की है। ज़िम्मेदारी प्रशासन की तो है, लेकिन ज़िम्मेदार और ख़बरदार ख़ुद भी रहना होगा।

सन्दर्भ : रियल स्टेट रेग्यूलेटरी बिल

शिक्षा का अधिकार, सूचना का अधिकार, कन्ज्यूमर्स फोरम और अब इसी कड़ी में रियल एस्टेट रेग्यूलेटरी बिल के ज़रिये सरकार ने आम लोगों के हाथों में अधिकार देने की कोशिश की है, लेकिन इस देश में क़ानूनों की कमी नहीं रही...अगर गड़बड़ियाँ होती रही हैं तो सिर्फ़ उन्हें लागू कर लोगों को तय समय सीमा के भीतर इंसाफ़ दिलाने को लेकर। बात हालत और हक़ की है लेकिन हक़ीक़त अब बदलनेवाली है।

सन्दर्भ : आधार के लिए लम्बी क़तार, लम्बा इन्तज़ार

बात समय, संयम और सहूलियत की है। ये सरकारी योजना हमारी और आपकी सहूलियत के लिए ही है, लेकिन क़तार में लगने से लेकर कार्ड मिलने तक इसमें कई पड़ाव भी हैं और ठहराव भी। समय यूँ तो हर किसी के लिए क़ीमती है, लेकिन आधार के लिए वाक़ई संयम चाहिए।

सन्दर्भ : बोरी की कमी के कारण सड़ रहे अनाज

मुद्दा बोरी, बंपर पैदावार और बर्बादी से जुड़ा है। राज्य का रोना...केन्द्र का राज्य को कोसना और इन सब में किसान की हालत गेहूँ के साथ घुन के पिसने जैसी है। खोजने से तो ख़ुदा भी मिलता है बोरी क्या बला है और बानगी आपके सामने है। जब हमारे जैसा पत्रकार लाखों बोरियाँ ढूँढ़ सकता है तो केन्द्र कहीं ज़्यादा कारगर है। राज्य दोषी हो सकता है, लेकिन सवाल केन्द्र

की नीयत और नीति पर भी उठता है।

सन्दर्भ : मारुति प्लांट मानेसर में मारपीट, लोग घायल भी हुए और मौत भी हुई

मज़दूर, मैनेजमेंट, मारपीट और मौत। अनबन अब की नहीं...नाराज़गी पहले से है। निकालने का दर्द एक का था, अब इस दर्द में कई परिवार हैं। हो सकता है कि कर्मचारी के साथ नाइंसाफ़ी हुई हो, लेकिन इंसाफ़ हासिल करने का ये भला कौन सा तरीक़ा?

सन्दर्भ : दिल्ली में गुटखा पर रोक

राजस्व के मामले में सरकार का स्वास्थ्य भले बिगड़े, लेकिन कवायद आपको स्वस्थ रखने की है। करोड़ों के इस कारोबार में लगे मज़दूरों और दुकानदारों की रोज़ी-रोटी छिनेगी ज़रूर, लेकिन जब ज़िन्दगियाँ तबाह हो रही हों तो पहले ज़िन्दगी को बचाना ज़रूरी है।

सन्दर्भ : जश्न-ए-बहार (मुशायरा)

इंट्रो पीटीसी (लॉन्ग फ़ॉर्मेट स्टोरी)
नमस्कार मैं परिमल कुमार! न बात सियासत की और न ही जुर्म की। ख़बरों से दूर लेकिन हक़ीक़त के इर्द-गिर्द। माहौल मुशायरे का है। नज़्में समाँ बाँधेंगी...अल्फ़ाज़ हालात और हक़ीक़त उगलेंगे। मज़ा भी आएगा और ये पल सुकून के होंगे।

3

नुक़्ते : आवाज़ ही पहचान है

कहीं अर्थ का अनर्थ न हो जाए

सही उच्चारण के लिए नुक़्ते ज़रूरी

नुक़्ता लगाने का प्रचलन न तो अख़बार में है, न ही टेलीविज़न में। फिर इसकी ज़रूरत क्या है? टीवी ऑडियो-विज़ुअल मीडियम है।

जब बात ऑडियो यानी आवाज़ की आती है तो नुक़्ते का महत्त्व स्पष्ट होता है। वॉइस ओवर से लेकर टीवी के अलग-अलग फ़ॉर्मेट में ऑडियो की एक ख़ास जगह है। वॉइस ओवर हो, पीटीसी या फिर लाइव से लेकर फ़ोन इन, इंटरव्यू या वन टू वन इंटरव्यू, इन सबके ज़रिये रिपोर्टर को अपनी बात कहनी होती है। ऐसे में शब्दों का सटीक उच्चारण होना चाहिए, नहीं तो फिर आप दर्शक के मज़ाक़ के भागी बनेंगे। कई शब्द तो ऐसे हैं जिनका मतलब बिना नुक़्ते के कुछ और ही हो जाता है, नुक़्ता लगते ही कुछ और हो जाता है। ऐसे में अर्थ का अनर्थ बनते देर नहीं लगती। तो इसकी मोटे तौर पर समझ ज़रूरी है।

जैसे आप जलील (बुद्धिमान) और ज़लील को ही लें। जलील का मतलब है बुद्धिमान और ज़लील का अपमानित करना, नीच।

इसी तरह जंग का मतलब है युद्ध और ज़ंग का अर्थ है नमी के सम्पर्क में आने से हुई रासायनिक क्रिया के कारण लोहे के रंग-रूप में बदलाव (किसी धातु में ज़ंग लगना)।

जानकारी होगी तभी बोलने में भी सतर्कता बरती जाएगी। लिहाज़ा कुछ शब्दों का संकलन इस अध्याय में प्रस्तुत है। ये ऐसे शब्द हैं जिनसे टीवी न्यूज़ इंडस्ट्री में आपका वास्ता आए दिन पड़ता रहेगा—

(क)

अक़्ल	औक़ात
इलाक़ा	इश्क़
क़त्ल	क़द
क़बूल	क़ब्ज़ा
क़ब्र	क़मीज़
क़रीब	क़र्ज़
क़लम	क़सम
क़स्बा	क़ानून
क़ाबिल	क़ाबू
क़िस्त	क़िस्म
क़िस्मत	क़िस्सा
क़ीमत	क़ुर्बान
क़ैद	चाक़ू
तक़दीर	तरीक़ा
दिक़्क़त	नक़द
नक़ल	नुक़सान
फ़क़ीर	फ़र्क़
बक़ाया	बाक़ायदा
बाक़ी	मज़ाक़
मुक़दमा	मुताबिक़
मौक़ा	रक़म
लायक़	वक़्त
शौक़	हक़

कुछ शब्द जिनके प्रयोग में प्राय: ग़लतियाँ होती हैं :

हलका (कम वज़नी)	हलक़ा (दायरा)
ताक (टोह लेना)	ताक़ (ताक़ पर रखना)
कौल (जातिसूचक नाम)	क़ौल (कथन)
कदम (कदम का पेड़)	क़दम (पग)

(ख)

अख़बार	आख़िर
कारख़ाना	ख़त
ख़तरा	ख़त्म
ख़फ़ा	ख़बर
ख़याल	ख़राबी
ख़रीफ़	ख़र्च
ख़ाकी	ख़ामोशी
ख़ारिज	ख़ास
ख़िदमत	ख़ूब
ख़ैर	ख़्वाब
तनख़्वाह	तारीख़
दस्तख़त	दाख़िल
नाख़ून	बुख़ार
मख़मल	मुख़ातिब
रुख़	शख़्स
सख़्त	

कुछ शब्द जिनके प्रयोग में प्राय: ग़लतियाँ होती हैं :

खान (खदान)	ख़ान (जातिसूचक)
खैर (कत्था)	ख़ैर (कुशल)
खुदा (खुदा हुआ)	ख़ुदा (ईश्वर)

(ग)

काग़ज़	ग़ज़ब
ग़ज़ल	ग़नीमत
ग़बन	ग़म
ग़रीब	ग़लत
ग़ायब	ग़ुलाम
ग़ुस्सा	ग़ैर
दग़ा	दरोग़ा
दाग़	दिमाग़
नग़मा	पैग़म्बर
बग़ल	बग़ावत
बग़ैर	बालिग़
वग़ैरा	सुराग़
सौग़ात	

शब्द जिनमें ग़लतियाँ होती हैं :

गोरी (गोरे रंग वाली)	ग़ौरी (मिसाइल मोहम्मद ग़ौरी)
गौर (गोरा)	ग़ौर (विचार)
बाग (लगाम)	बाग़ (बगीचा)

(ज)

अन्दाज़	अर्ज़ी
आज़ादी	आवाज़
इंतज़ाम	इजाज़त
इज़्ज़त	इन्तज़ार
औज़ार	क़मीज़
ख़ज़ाना	चीज़

ज़बान	ज़ब्त
ज़मीन	जहाज़
ज़रूर	ज़िक्र
ज़ाहिर	ज़िन्दगी
ज़िद	ज़ेवर
ज़ुल्म	ज़्यादा
डिज़ाइन	तमीज़
तक़ाज़ा	नमाज़
तराज़ू	न्यूज़
नाराज़	फ़र्ज़
प्याज़	मज़दूर
बिज़नेस	वज़न
रोज़	

खास ध्यान रखने योग्य शब्द :

इजाज़त	ज़ंजीर
जज़्बात	जहाज़
जायज़	जालसाज़ी

ग़लतियों की गुंजाइश :

जरा (वृद्धावस्था)	ज़रा (थोड़ा)
जंग (युद्ध)	ज़ंग (लोहे में ज़ंग लगना)
सजा (सजना-सँवरना)	सज़ा (दंड)
जीना (ज़िन्दा रहना)	ज़ीना (सीढ़ी)
जलील (बुद्धिमान)	ज़लील (अपमानित करना, नीच)

(फ)

अफ़वाह	अफ़सर
आफ़त	कफ़न
काफ़ी	ख़फ़ा
गिरफ़्तार	तकलीफ़
तारीफ़	तूफ़ान
दफ़्तर	नफ़रत
फ़रमान	फ़ायदा
फ़िक्र	फ़िदा
फ़ौरन	बर्फ़
शरीफ़	सफ़ेद

फ के नीचे नुक्ता नहीं लगनेवाले शब्द :

गुफा	फल-फूल
फुर्ती	सफल

शब्द जिनमें ग़लतियाँ होती हैं :

फन (साँप जिससे डसता है)	फ़न (कला)
फूल (फूल-पौधे)	फ़ूल (अंग्रेज़ी में मूर्ख के लिए)

4

स्लोगन, कोट्स और लोकोक्तियाँ

छोटे वाक्य, पर बात बड़ी

स्लोगन

स्लोगन (नारे) और कोट्स (शख़्सियत की कही गई बात) और लोकोक्ति की कोई सीमा नहीं, कोई अन्त नहीं। कुछ का ज़िक्र मैं यहाँ कर रहा हूँ। कोशिश बस ये समझ पैदा करने की है कि इसका अच्छा-ख़ासा महत्त्व है। ख़ासकर जब रिपोर्टर पीटीसी कर रहा होता है, लाइव दे रहा होता है।

ऐसे में, महज़ इसी संकलन को अन्त न मानते हुए शुरुआत की सीढ़ी समझिए। इसके ज़रिये इसकी उपयोगिता बताने और रास्ता भर दिखाने की कोशिश है। जितना चलेंगे ज्ञान अर्जित करने को लेकर उतनी ही ज़्यादा दूरी तय करेंगे।

करो या मरो

—महात्मा गांधी

भारत छोड़ो

—महात्मा गांधी

जय हिन्द

—सुभाषचन्द्र बोस

तुम मुझे ख़ून दो, मैं तुम्हें आज़ादी दूँगा

—सुभाषचन्द्र बोस

पूर्ण स्वराज

—पंडित जवाहरलाल नेहरू

आराम हराम है

—पंडित जवाहरलाल नेहरू

हिन्दी, हिन्दू, हिन्दुस्तान

—भारतेन्दु हरिश्चन्द्र

वेदों की ओर लौटो

—स्वामी दयानन्द सरस्वती

जय जवान जय किसान

—लाल बहादुर शास्त्री

जय जवान, जय किसान, जय विज्ञान

—अटल बिहारी वाजपेयी

कर मत दो

—सरदार वल्लभ भाई पटेल

सम्पूर्ण क्रान्ति

—जय प्रकाश नारायण

वन्दे मातरम्

—बंकिम चन्द्र चटर्जी

साम्राज्यवाद का नाश हो

—भगत सिंह

सारे जहाँ से अच्छा हिन्दुस्तान हमारा

—इक़बाल

सत्यमेव जयते

—पंडित मदन मोहन मालवीय

कोट्स

I am the state (मैं ही राज्य हूँ)।

—लुई 14वाँ

सपनों के चक्कर में जीना भूल जाना अच्छा नहीं है।

—जे.के. राउलिंग

अपनी असफलताओं से अनुभव प्राप्त करें।

—ऑप्राह विनफ्रे

अपनी ख़राब आदतों पर विजयी हासिल करने से ज़्यादा आनन्द इस जीवन में और कुछ नहीं होता।

—डेविड स्ट्रार जॉर्डन

ग़लतियाँ हमेशा क्षमा की जा सकती हैं, यदि आपके पास उन्हें स्वीकारने का साहस हो।

—ब्रूस ली

सफलता की ख़ुशी मनाना अच्छा है, पर उससे ज़रूरी है अपनी असफलता से सीख लेना।

—बिल गेट्स

हम अपनी ग़लतियों के लिए बहुत अच्छे वकील बन जाते हैं; और दूसरों

की ग़लतियों के लिए बहुत अच्छे न्यायाधीश।

—पॉल सी

अपने कार्य की शीघ्र सिद्धि चाहनेवाला व्यक्ति नक्षत्रों की प्रतीक्षा नहीं करता।

—चाणक्य

पाप से घृणा करो, पापी से नहीं।

—चाणक्य

विश्वास वो शक्ति है जिससे उजड़ी हुई दुनिया में भी प्रकाश लाया जा सकता है।

—चाणक्य

इससे पहले कि सपने सच हों आपको सपने देखने होंगे।

—भगवान बुद्ध

मैं सही फ़ैसले लेने में यक़ीन नहीं रखता, बल्कि मैं फ़ैसले लेकर उन्हें सही साबित करता हूँ।

—रतन टाटा

बिना उपयोग की वस्तु हुए किसी चीज़ की क़ीमत नहीं हो सकती।

—कार्ल मार्क्स

धर्म लोगों की अफीम है।

—कार्ल मार्क्स

यदि आप एक बड़ा झूठ बोलते हैं और उसे अक्सर बोलते हैं तो उस पर यक़ीन कर लिया जाएगा।

—हिटलर

जर्मनी या तो एक विश्व-शक्ति होगा या फिर होगा ही नहीं।

—हिटलर

केवल वही, जो युवाओं का मालिक होता है, भविष्य में लाभ उठाता है।
—हिटलर

अपने दुश्मनों पर विजय पानेवाले की तुलना में मैं उसे शूरवीर मानता हूँ जिसने अपनी इच्छाओं पर विजय प्राप्त कर ली है। क्योंकि सबसे कठिन विजय अपने आप पर विजय होती है।
—अरस्तू

हम बहादुर कार्यों के द्वारा ही बहादुर बन सकते हैं।
—अरस्तू

एक दोस्त क्या है? दो शरीर में रहनेवाली एक आत्मा।
—अरस्तू

लोकतंत्र तब है, जब किसी अमीर की जगह कोई ग़रीब देश का शासक हो।
—अरस्तू

जो सभी का मित्र होता है वो किसी का मित्र नहीं होता है।
—अरस्तू

युवा आसानी से धोखा खाते हैं, क्योंकि वो शीघ्रता से उम्मीद लगाते हैं।
—अरस्तू

मैं असफल नहीं हुआ हूँ, बल्कि मैंने बस 10,000 ऐसे तरीक़े खोज लिए हैं जो काम नहीं करते हैं।
—थॉमस अल्वा एडिसन

आविष्कार करने के लिए, आपको एक अच्छी कल्पना और कबाड़ के ढेर की ज़रूरत होती है।
—थॉमस अल्वा एडिसन

कमज़ोर आदमी हर काम को असम्भव समझता है, जबकि वीर साधारण।
—थॉमस अल्वा एडिसन

हम बिजली को इतना सस्ता बना देंगे कि मोमबत्तियाँ केवल अमीर लोग जलाएँगे।

—एडिसन

जीनियस में एक प्रतिशत प्रेरणा और 99 प्रतिशत पसीना है।

—एडिसन

यावत जीवेत सुखं जीवेत, ऋणं कृत्वा घृतं पिवेत (संस्कृत की इस कहावत का मतलब है जब तक जियो सुख से जियो, ऋण लेकर घी पियो)।

—चार्वाक

लोकतंत्र जनता का, जनता के लिए, जनता के द्वारा शासन।

—अब्राहम लिंकन

द चाइल्ड इज़ द फादर ऑफ़ मैन।

—विलियम वर्ड्सवर्थ

आवश्यकता आविष्कार की जननी है।

—प्लेटो

अतिथि देवो भव: (अतिथि भगवान के समान है)।

—उपनिषद से लिया गया

पृथ्वी गोल है।

—एराटोस्थनीज

यूरेका यूरेका।

—आर्कमिडीज

प्रत्येक क्रिया के बराबर व विपरीत दिशा में एक प्रतिक्रिया होती है।

—न्यूटन की गति का तीसरा नियम

एकला चलो रे।

—रवीन्द्रनाथ टैगोर

जागती हुए चींटी की शक्ति, सोते हुए हाथी से अधिक होती है।

—यशपाल

आज की पीढ़ी त्याग करेंगे कनभर और बदले में चाहेंगे मनभर।

—मन्नू भंडारी

कुर्सी और इनसानियत में बैर है। इनसानियत की खाद पर ही कुर्सी के पाये अच्छी तरह जमते हैं।

—मन्नू भंडारी

बड़ा न आदमी होता है, न घटना। ये तो मौक़े-मौक़े की बात है।

—मन्नू भंडारी

लोकोक्ति

अकेला चना भाड़ नहीं फोड़ सकता	अकेला आदमी बड़ा काम नहीं कर सकता
अधजल गगरी छलकत जाए	कम जानकारी वाला जब ज़्यादा क़ाबिल बने
आए थे हरिभजन को, ओटन लगे कपास	ज़रूरी काम छोड़कर, ग़ैर ज़रूरी काम में उलझना
आगे कुआँ, पीछे खाई	सब तरफ़ विपत्ति
आम के आम गुठली के दाम	दोहरा लाभ
आसमान से गिरा, खजूर में अटका	मुसीबत से निकले फिर मुसीबत में फँसे
ऊँची दुकान फीके पकवान	दिखावा अधिक पर वास्तविकता में कम
उलटा चोर कोतवाल को डाँटे	ग़लत करनेवाले का सही पर हावी होना
एक अनार सौ बीमार	चीज़ एक, चाहनेवाले अनेक
एक पंथ दो काज	एक काम से दोहरा लाभ

ओखली में सिर दिया तो मूसल से क्या डरना	चुनौती जब स्वीकार की तो फिर परेशानी से घबराना नहीं चाहिए
ग़रीबी में आटा गीला	दुखी पर और अधिक दुख का आना
कहीं की ईंट, कहीं का रोड़ा, भानुमती ने कुनबा जोड़ा	बेमेल चीज़ों का मेल बिठाना
काठ की हाँडी बार-बार नहीं चढ़ती	बेईमानी बार-बार नहीं चलती
काला अक्षर भैंस बराबर	बिलकुल अनपढ़
खोदा पहाड़ निकली चुहिया	मेहनत ज़्यादा, फल कम
गंगा गए तो गंगादास, जमना गए तो जमनादास	जिसका अपना एक विचार नहीं। समय-समय पर विचार बदलनेवाला (अवसरवादी)
गेहूँ के साथ घुन भी पिसता है	दोषी के साथ निर्दोष भी मारा जाता है
घर का भेदी लंका ढाहे	अपना जब विनाश का कारण बने
घर की मुर्गी दाल बराबर	घर की चीज़ की क़द्र नहीं
चमड़ी जाए पर दमड़ी न जाए	बहुत कंजूस
चार दिन की चाँदनी, फिर अँधेरी रात	कुछ वक़्त का सुख फिर वही कष्ट
चौबे गए छब्बे बनने, दुबे बनकर लौटे	ज़्यादा क़ाबिल बनने के चक्कर में बेवकूफ़ बनना
जंगल में मोर नाचा किसने देखा	सराहना के बिना योग्यता का व्यर्थ होना
जाको राखे साइयाँ मार सके न कोय	भगवान जिसके साथ हों उसकी कोई हानि नहीं
जैसी करनी वैसी भरनी	किए का फल भोगना

जैसा देश, वैसा भेष	परिस्थिति के अनुसार ढलना
तेते पाँव पसारिए जेती लांबी सौर	अपनी औकात के अनुसार काम करना
थोथा चना बाजे घना	ओछा व्यक्ति हमेशा दिखावा करता है।
पर उपदेश कुशल बहुतेरे	दूसरे को उपदेश देना पर ख़ुद वही काम करना
भागते भूत की लँगोटी सही	जो मिल जाए वही काफ़ी
साँप भी मर जाए, लाठी भी न टूटे	काम भी बन जाए और हानि भी न हो।
हाथी के दाँत खाने के और दिखाने के और	कहना कुछ, करना कुछ
होनहार बिरवान के होत चीकने पात	प्रतिभावान व्यक्ति की प्रतिभा बचपन से ही दिखती है

5

एडिटिंग

स्क्रिप्ट का वैल्यू एडिशन

बोलने में क्या सही क्या ग़लत

सही	ग़लत
एटीएम	एटीएम मशीन
ईवीएम	ईवीएम मशीन
मार्कोस (MARCOS : Marine Commandos)	मार्कोस कमांडोज़
अनाधिकृत	अनधिकृत
अनेकों	अनेक
अधिकांश भाग	अधिकांश
गुप्त रहस्य	गुप्त या रहस्य
आज की वर्तमान स्थिति	वर्तमान स्थिति
स्वयं मैं	स्वयं या मैं
परस्पर एक-दूसरे से	परस्पर या एक-दूसरे से
नौजवान युवती	नवयुवती

अच्छा सदुपयोग	सदुपयोग
धूल भरी आँधी	आँधी में धूल उड़ती ही है। लिहाज़ा ये कहने या लिखने की ज़रूरत नहीं। आँधी अपने-आप में काफ़ी है।
गन्दे पानी का नाला	नाला गन्दे पानी का ही होता है। ऐसे में सिर्फ़ नाला कहें।
साफ़ पानी का खाला	खाला साफ़ पानी का ही होता है।
हाथों में हथकड़ी	हथकड़ी हाथों में ही लगाई जाती है।
गले में फन्दा	फन्दा हमेशा गले में ही लगता है।
अवैध क़ब्ज़ा	क़ब्ज़ा अवैध ही होता है।
प्राप्त जानकारी के मुताबिक़	जानकारी के मुताबिक़/अनुसार लिखें।
क़रीब 945 लोगों की जाँच हुई	या तो 945 लोगों की जाँच लिखेंगे या फिर राउंड फिगर लेंगे तब क़रीब 950 लोगों की जाँच हुई।
तत्त्वाधान, श्रद्धांजलि, आशीर्वाद	इन शब्दों में सावधानी बरतनी ज़रूरी है।
योजना (सकारात्मक)	सरकार ने ग़रीबों को आवास देने की योजना बनाई है।
साज़िश (नकारात्मक)	लुटेरों ने बैंक डकैती की साज़िश रची।
सम्भावना (सकारात्मक)	परीक्षा में पास होने की सम्भावना
आशंका (नकारात्मक)	परीक्षा में फेल होने की आशंका।
आरोपी	तब तक जब तक मामला साबित न हो जाए।
दोषी	अदालत के आदेश के बाद ही दोषी।
मामला	दर्ज होता है।

मुक़दमा	चलता है।
कार्रवाई	किसी के ख़िलाफ़ की जाती है।
कार्यवाही	संसद भवन में कार्यवाही चलती है।
नियत (समय के निश्चय के अर्थ में)	लोकसभा की अवधि उसकी पहली बैठक के लिए नियत तिथि से पाँच वर्षों की है।
नीयत (व्यवहार)	उसकी नीयत में खोट है।
इसका/इसके/इसकी	इससे वाक्य की शुरुआत होती है।
जिसका/जिसके/जिसकी	ये दो वाक्यों को जोड़ने का काम करती है। इससे कभी किसी वाक्य की शुरुआत नहीं होती।
सक्षम और अक्षम	अक्षम की जगह आमतौर पर लोग असक्षम लिखने/बोलने की लापरवाही करते हैं।
'में' और 'नहीं'	में बिन्दी लगती है।
ढ	जब किसी शब्द के बीच में आता है तभी इसके नीचे बिन्दी लगती है। **(ढ़)**
दबाव और जवाब	इन दोनों शब्दों में लोग ब और व की जगह पर ग़लती करते हैं। 1 से 10 तक के अंकों को शब्दों में लिखना चाहिए।
स्वर्गीय	की जगह **दिवंगत** लिखा जाना चाहिए।
शुरू (र में बड़ी मात्रा)	शुरुआत (र में छोटी मात्रा)
रुपया	(र में छोटी मात्रा)

है (एकवचन)	हैं (प्रयोग बहुवचन में)। ऐसे शब्द जो एकवचन में लिखे जाते हैं तो उसमें मात्रा बड़ी होती है। पर जब उसको बहुवचन में लिखते हैं तब मात्रा छोटी हो जाती है। जैसे : दवाई (यहाँ ई बड़ी है)
दवाइयाँ	यहाँ इ छोटी है
'कि' और 'की' में अन्तर	'कि' का प्रयोग दो वाक्यों को जोड़ने के लिए किया जाता है। जैसे अंग्रेज़ी में 'that' का प्रयोग हम कंजक्शन के तौर पर करते हैं। ठीक वैसे ही 'कि' का प्रयोग किया जाता है। उदाहरण— मोहन ने कहा कि आज वह स्कूल नहीं जाएगा। मुझे पता है कि आप एक अच्छे इनसान हैं।
अब बात 'की' के प्रयोग को लेकर	'की' का प्रयोग किसी वस्तु का संज्ञा या सर्वनाम से सम्बन्ध जोड़ने के लिए किया जाता है। मोटे तौर पर समझिए, जैसे अंग्रेज़ी में 'of' का प्रयोग किया जाता है। ठीक वैसे ही 'की' का प्रयोग किया जाता है। उदाहरण— राधा मोहन की दोस्त है। यह राम की किताब है।

ख़बरों में 'आज' न लिखें	'आज' की जगह दिन लिखें। ख़बरों की शुरुआत दिन और तारीख़ से नहीं करनी चाहिए। ख़बरों में ज़्यादा आँकड़ों को वीओ में लिखने से बचें। ज़रूरत हो तो ग्राफ़िक्स में लें।
तथा, एवं और व से हमेशा बचना चाहिए	इसकी जगह 'और' का इस्तेमाल करें।
बच्ची के साथ किया गया ग़लत काम	दुष्कर्म
हरिजन कहने से बचें	दलित का उपयोग करें।
अंधा कहने से बचें	फ़िज़िकली चैलेंज्ड या देख पाने में अक्षम कहा जा सकता है।
अपहर्ता से बच्चे/व्यक्ति को बरामद नहीं	मुक्त करवाया या छुड़वाया जाता है। (सामान बरामद होता है...इनसान नहीं)

6

हेडिंग

जो कह दे पूरी कहानी

'ख़बर' एक लाइन में

हेडिंग को समझना इसलिए ज़रूरी है क्योंकि न्यूज़ रूम में रिपोर्टर से अकसर कहा जाता है कि ख़बर एक लाइन में बताइए...अपने एडिटर को समझाइए।

जब तक ख़बर पर पकड़ अच्छी न हो तब तक एक लाइन में उसे बताना नामुमकिन है। एक, दरअसल इसका मतलब है, ख़बर का मूलभाव एक लाइन में स्पष्ट करना। हेडिंग और ख़बर को एक लाइन में समझना कमोबेश एक ही तरह की दिमाग़ी एक्सरसाइज़ है। टीवी में हेडलाइन तो अख़बार में हेडिंग के तौर पर ये जाना जाता है।

कुछ एक कैची हेडिंग यहाँ इस मकसद से दी है ताकि पत्रकारिता में क़दम रखनेवालों को एक मोटी समझ हेडिंग को लेकर हो। समझना आसान है पर सोचना उतना ही मुश्किल। ये एक अभ्यास के दम पर ही कर पाना मुमकिन है। ज़्यादा-से-ज़्यादा पंक्तियों में तो ख़बर को समझाना काफ़ी आसान पर एक लाइन में ख़बर के उस भाव को लाना थोड़ा मुश्किल।

बस एक कोशिश नए बच्चों को करनी चाहिए कि दिन की बड़ी ख़बर की हेडलाइन वो सोचें और रोज़ लिखें और अगले दिन अलग-अलग अख़बारों में देखें कि क्या उनकी सोच अख़बारों के उन सम्पादकों से मिलती-जुलती या उसके इर्द-गिर्द भी है, जिसने फ्रंट पेज पर उस ख़बर को जगह दी है? एक वक़्त आएगा जब करत-करत अभ्यास की बात से वो कामयाबी मिल जाएगी।

इतना ही नहीं, हफ़्ते-दस दिन पर एक ख़बर ऐसी ज़रूर आती है जो इतनी बड़ी होती है कि कल होकर अमूमन हर अख़बार के फ्रंट पेज पर पहली ख़बर वही होती है तो ऑनलाइन के इस दौर में अलग-अलग जगह छपी ख़बरों की हेडिंग को देखें। कंटेंट सबका एक होगा पर हेडिंग अलग-अलग। उनकी एनालिसिस करें। इससे आपकी सोचने-समझने की सीमा को नया आयाम मिलेगा।

यहाँ पेश हैं कुछ उदाहरण—

शॉर्टकट मौत के निकट

(स्टोरी : रेलवे पटरी क्रॉस करते लोग)

कैमिस्ट्री की मिस्ट्री

(स्टोरी : कॉलेज में एक भी प्रोफ़ेसर नहीं, लेकिन तीन साल से 100 प्रतिशत रिजल्ट)

कश के कशमकश में फँसे किंग ख़ान

(स्टेडियम में पब्लिक के बीच सिगरेट पीने पर फँसे शाहरुख ख़ान)

कटौती का करंट सिर्फ़ बिजली चोरों पर

(बिजली चोरी करनेवालों पर शिकंजा)

कर्नाटक में नाटक

(सियासी घमासान को लेकर सरकार बनाने के लिए जोड़-तोड़ की राजनीति)

पंच पर जनता का 'पंच'

(औरंगाबाद के गाँव में पंच के फ़ैसले से नाराज़ गाँव वालों ने पंच की पिटाई कर दी)

एम्स को पॉलिटिकल फीवर

(निदेशक की नियुक्ति पर बवाल)

पाक नापाक (ना लाल से लिखा हो और पाक काले से)

(सीजफायर का सीमा पर उल्लंघन पाकिस्तान की तरफ़ से)

एक नज़ीर बे-नज़ीर

(बेनज़ीर भुट्टो की हत्या के बाद)

प्यासी दिल्ली

(गर्मी के वक़्त पानी की किल्लत पर लगाई गई हेडिंग)

मोगैंबो अब नहीं ख़ुश होगा

(अमरीश पुरी के निधन पर)

मनमोहन, सिंह नहीं...नवाज़, शरीफ़ नहीं

बे 'बस' दिल्ली

(दिल्ली में बस वालों की हड़ताल के वक़्त)

'नीति'श की जीत

(नीतीश कुमार 2010 में जब दोबारा बिहार के मुख्यमंत्री बने तो कहा जा रहा था उनकी नीतियों की वजह से मिली जीत है।)

ग्रे8 विक्ट्री
('स्लमडॉग मिलिनेयर' को ऑस्कर में 8 अवॉर्ड)

नो वन किल्ड जेसिका
(जब सभी गवाह मुकर गए थे)

ट्रक का टेरर
(रात में सड़कों पर ट्रक का आतंक)

दुर्गा को शक्ति दो
(नोएडा में सैंड माइनिंग माफिया पर कार्रवाई के बाद वहाँ की तत्कालीन एसएसपी दुर्गा शक्ति नागपाल को सस्पेंड कर दिया गया)

प्याज़, पब्लिक और पॉलिटिक्स
(प्याज़ की महँगाई पर विपक्षी राजनीतिक पार्टी का हल्ला बोल)

भूख अब इतिहास बनेगी
(फूड सिक्योरिटी बिल पास होने पर)

आन बड़ी या जान
(ऑनर किलिंग के वक़्त की हेडिंग जब परिवार वालों ने अपने की जान ले ली)

$ एस्केलेटर पर, ₹ वेंटिलेटर पर
लो भैया सबसे गिरा रुपैया
(जब रुपया लगातार नीचे जा रहा था डॉलर के मुक़ाबले)

सिक्सर का सिकंदर
(6 बॉल पर युवराज के 6 छक्के)

भगवान भरोसे दिल्ली
(जगह-जगह देवी-देवताओं की सड़क किनारे दीवार पर लगी तसवीर

ताकि लोग वहाँ पेशाब न करें)

मोदी पर 'लाल' लीला

मोदी मंथन ख़त्म

पार्टी बड़ी, नेता (आडवाणी) नहीं

(जब पहली बार नरेन्द्र मोदी बीजेपी की तरफ़ से पीएम पद के उम्मीदवार बने। उस वक़्त आडवाणी इस बात से नाराज़ थे)

सज़ा-ए-मौत

(दिल्ली के निर्भया गैंग रेप पर दोषियों को मौत की सज़ा)

OMG : ओ माई गोल्ड

(उन्नाव में सोने की खोज को लेकर खुदाई)

कमाई की नई पटरी पर रेलवे

(टिकट की क़ीमत में रेलवे का राउंड ऑफ़ फ़ॉर्मूला। इसके तहत अगर किसी मुसाफिर का किराया 696 बना तो उसको 696 रुपए की जगह 700 रुपए देने होंगे)

परेशानी की 'जड़'

(दिल्ली के पीतमपुरा में एक परिवार इसलिए सालों से परेशान था कि उसके घर के बाहर के एक पेड़ की जड़ें जगह-जगह उसके घर की दीवारों में दरार कर रही थीं)

हे! भगवान

(सचिन के क्रिकेट से संन्यास लेने पर)

शुक्र भगवान का

(सचिन का अन्तिम टेस्ट शुक्रवार को)

जाम में ज़िन्दगी

(दिल्ली में एम्बुलेंस के लिए कोई रास्ते को लेकर नियम नहीं था और घंटों तक एम्बुलेंस में पड़े मरीज़ जाम में फँसे रहते थे)

डबल डेथ की ट्रिपल मिस्ट्री

(दिल्ली के काकानगर में ब्यूरोक्रैट और उसकी पत्नी की डेड बॉडी, जाँच इस बात को लेकर कि हत्या है या आत्महत्या या फिर दोनों में से किसी एक ने पहले दूसरे की हत्या की और फिर ख़ुदकुशी)

तोते की जान में जान आई

(सीबीआई को असंवैधानिक करार देने पर रोक)

तहलका में मचा तहलका

(तहलका के प्रमुख तरुण तेजपाल पर यौन शोषण का आरोप)

गन्ने पर 'महा' आन्दोलन

(महाराष्ट्र के लिए 'महा', में किसानों का गन्ने की क़ीमत को लेकर आन्दोलन पूरे ज़ोर पर था)

सैफ सोनाक्षी की बुलेट का टायर 'र'

(बुलेट राजा की 4 दिनों की कमाई 30 करोड़ के आसपास)

नो वन वांट्स टू रूल दिल्ली

(2013 में जब दिल्ली चुनाव में किसी को बहुमत नहीं मिला तो कोई भी पार्टी सरकार बनाने का दावा पेश नहीं कर रही थी)

ज़िन्दगी की रेस में हारते घोड़े

(जब गुड़गाँव के एक अस्तबल में काफ़ी घोड़े बीमार पड़े और उनको सलाइन चढ़ रहा था, ज़्यादा घोड़ों को बचाने की उम्मीद भी न के बराबर थी)

नयनों को भा गई 'नैनो'

(जब टाटा ने नैनो लॉन्च की तो शुरुआत में लोगों की ख़ूब वाहवाही मिली)

ब्लैक एट व्हाइट हाउस

(जब बराक ओबामा अमेरिका के राष्ट्रपति बने)

7

शब्द जिनको लिखने में चूक होती है

जितनी अच्छी भाषा उतना अच्छा पत्रकार

ग़लत	सही
अतिथी, अतीथि	अतिथि
अतिश्योक्ति	अतिशयोक्ति
अधिन	अधीन
अध्यन	अध्ययन
अनाधिकार	अनधिकार
अनाधिकृत	अनधिकृत
अन्तराष्ट्रीय	अन्तरराष्ट्रीय
अप्रसंगिक	अप्रासंगिक
आईपैड	आइपैड
आइफोन	आइफ़ोन
आइना	आईना
अगामी	आगामी

अध्यात्मिक	आध्यात्मिक
आर्शीवाद	आशीर्वाद
इंजिनीयरिंग	इंजीनियरिंग
उज्वल	उज्ज्वल
उन्नती	उन्नति
उर्पयुक्त	उपर्युक्त
उपलक्ष	उपलक्ष्य
उपस्थिती	उपस्थिति
ओद्योगिक	औद्योगिक
कनीष्ठ	कनिष्ठ
कवियत्री	कवयित्री
कालीदास	कालिदास
कृप्या	कृपया
केन्द्रिय	केन्द्रीय
गितांजलि	गीतांजलि
गुरू	गुरु
ग्रहिणी	गृहिणी
घनीष्ठ	घनिष्ठ
चिंह	चिह्न
तत्कालिक/तत्कालीक	तात्कालिक
तुष्टिकरण	तुष्टीकरण
धुंआ	धुआँ
नीरीह	निरीह

निरोग	नीरोग
पत्नि	पत्नी
परीस्थिति	परिस्थिति
परिक्षा	परीक्षा
पहूंचना	पहुँचना
परिलौकिक	पारलौकिक
पूण्य	पुण्य
पुरुस्कार	पुरस्कार
पुरूष	पुरुष
पूजनिय	पूजनीय
पुरे	पूरे
प्रदर्शीनी	प्रदर्शनी
प्रसंशा	प्रशंसा
प्राप्ती	प्राप्ति
प्रामणिक	प्रामाणिक
प्रोद्यौगिकी	प्रौद्योगिकी
बिमार	बीमार
भागिरथी	भागीरथी
भाष्कर	भास्कर
भि	भी
मंहगा	महँगा
मेहत्व	महत्त्व
मेंहदी	मेहँदी

मैने	मैंने
मैथीली	मैथिली
मोबाईल	मोबाइल
रचइता	रचयिता
राजनितिक	राजनीतिक
रूपया	रुपया
रुप	रूप
व्यस्क	वयस्क
वरीष्ठ	वरिष्ठ
वाल्मिकी	वाल्मीकि
विशिष्ठ	विशिष्ट
वृष्टी	वृष्टि
व्यवसायिक	व्यावसायिक
व्यवहारिक	व्यावहारिक
शक्ती	शक्ति
शताब्दि	शताब्दी
शारिरिक	शारीरिक
शिर्षक	शीर्षक
शमशान	श्मशान
श्रीमति	श्रीमती
सन्यासी	संन्यासी
सांसारीक	सांसारिक
साप्ताहीक	साप्ताहिक

सम्राज्य	साम्राज्य
सुरक्षीत	सुरक्षित
स्थिती	स्थिति
स्वष्थ	स्वस्थ
स्वास्थ	स्वास्थ्य

8

मोबाइल जर्नलिज़्म (MoJo)

स्मार्टफोन के तौर पर पूरा स्टूडियो पॉकेट में

कहानी 'वन मैन आर्मी' रिपोर्टर की

मोबाइल जर्नलिज़्म (MoJo) यानी मोबाइल के ज़रिये पत्रकारिता। वीडियो शूट करने से लेकर स्क्रिप्टिंग, वॉइस ओवर और एडिट तक सब कुछ मोबाइल से। मसलन एक टीम जिसमें कभी कैमरामैन और OB (Outside Broadcasting) वैन या लाइव यू ऑपरेटर सब होते थे अब महज़ एक मोबाइल फ़ोन से मुमकिन। स्मार्ट फ़ोन के तौर पर एक चलता-फिरता स्टूडियो पॉकेट में। इसके ज़रिये ग्राउंड पर शूट करने से लेकर उसको टीवी की कहानी की अन्तिम शक्ल देने की तमाम चीज़ें मौजूद हैं। कम क़ीमत, पैसे और समय की बचत ने मोजो को नया आयाम दिया है। स्मार्ट फ़ोन के ज़रिये पत्रकारिता करने वालों की तादाद भी बढ़ी है और इसकी स्वीकार्यता भी। वीडियो शूट करने को लेकर लाखों रुपए की क़ीमत वाले कैमरे को महज़ 10 हज़ार के भीतर तक आने वाले स्मार्ट फ़ोन ने रिप्लेस किया है। इसी मोजो ने न केवल टीवी बल्कि यूट्यूबर्स को भी पत्रकारिता की नई उम्मीद दी है। अपने पैरों पर खड़ा होना सिखाया। अपने क्षेत्र की ख़बरों को दुनिया के पटल पर लाने का मौक़ा दिया। ये महज़ कहने भर की बात नहीं, आसपास नज़र दौड़ाने भर से इसके फलते-फूलते दुनिया का एहसास हो जाता है। पत्रकारिता की पढ़ाई करने के बाद एक दौर ऐसा था जब नौकरी के लिए संस्थानों का दरवाज़ा

खटखटाने के अलावा और कोई दूसरा विकल्प नहीं होता था, पर आज मोबाइल जर्नलिज़्म के शानदार और सस्ते विकल्प ने यूट्यूबर्स के तौर पर करियर बनाने का नया मौक़ा दिया है। स्वरोज़गार का मौक़ा जहाँ शहरों की भागदौड़ वाली ज़िन्दगी से दूर भी अपने इलाक़ों में बसने और वहाँ के मुद्दों को ख़बर के तौर पर करने का मौक़ा।

मोजो का शुरुआती सफ़र

मोजो का शुरुआती दौर आसान नहीं था। ख़ासकर जब एनडीटीवी इंडिया ने इसको अपनाया। शुरुआती तकलीफ़ और चिन्ता हम जैसे रिपोर्टर्स की बढ़ी। कैसे कैमरे के साथ ठाठ वाली ज़िन्दगी, मोजो किट के बैग के बोझ से दबे होने के एहसास भर से बेचैन कर रही थी। ख़ुद सब कुछ करने की ज़िम्मेदारी। रिपोर्टिंग से लेकर कैमरामैन तक का काम। शूट करने से लेकर सवाल पूछने और फुटेज ऑफ़िस में भेजने तक। 'वन मैन आर्मी' जो मोजो से पहले क़ाफ़िले में चला करता था। सहज भाषा में कैमरामैन का साथ तो होता ही था। कभी-कभी OB वैन, नहीं तो Live U (3G) के साथ उसका ऑपरेटर भी। इन तमाम लोगों से साथ शूट पर जाने वाला रिपोर्टर अचानक अकेला रह गया। चिन्ता और चुनौती मानो बढ़ती जा रही थी। पर, हमारे मैनेजिंग एडिटर ऑनिन्द्यो चक्रवर्ती (Aunindyo Chakravarty) ने मन बना लिया था। हम भरोसा नहीं कर पा रहे थे कि मोबाइल टीवी की ज़रूरत को वाक़ई पूरा कर सकता है। क्या मोबाइल से रिकॉर्ड किया गया फुटेज या वीडियो टीवी पर चलाई जा सकती है? क्या क्वालिटी पर फ़र्क़ नहीं पड़ेगा? पर कहते हैं बॉस इज राइट। ऑनिन सर ने सीधे मोजो की ज़िम्मेदारी थोपी नहीं, बल्कि हम जैसे रिपोर्टर को भरोसा भी दिलाया कि ऐसा मुमकिन है। एक दिन का वाकया याद आता है। सुबह-सुबह ऑफ़िस पहुँचा। काफ़ी धुंध थी। कहा गया कि एनडीटीवी दफ़्तर यानी नई दिल्ली के अर्चना शॉपिंग कॉम्प्लेक्स के सबसे ऊपर कैमरामैन को लेकर जाइए पर वो सिर्फ़ साथ होंगे। मोबाइल से शूट आपको ही करना है। धुंध पर prerec/walkthough रिकॉर्ड करना था। आदेश मिला तो ठीक

वैसे ही पालन भी किया। रिकॉर्ड ख़ुद से अपने एक साधारण स्मार्ट फ़ोन में हैंड्सफ्री की मदद से किया। लगा कि बस ऐसे रिकॉर्ड करवाया गया है, पर कुछ ही देर में वो रिकॉर्डेड prerec ऑन एयर था। मतलब टीवी स्क्रीन पर। इससे कॉन्फिडेंस बढ़ा। साथ ही मोबाइल से शूट किया वीडियो के टीवी पर चलने की आशंका को भी विराम मिला। आज का मोजो काफ़ी आसान है। जब हमने शुरुआत में इसका दामन थामा था तब ख़ुद की बातचीत वाला अपना ही स्मार्ट फ़ोन भी था और ऑडियो रिकॉर्ड करने के लिए माइक भी एनडीटीवी का लोगा वाला नहीं बल्कि हैंड्सफ्री का ही सहारा था। और हाँ, फ़ोन पर फ़ोन न आए इसलिए शूट के वक़्त फ़ोन फ़्लाइट मोड में। मैंने ही नहीं, हम सब रिपोर्टर ने इस मोजो को कामयाबी की ऊँचाई तक ऐसे ही पहुँचाया।

एक दूसरा वाकया, दिल्ली के कठपुतली कॉलोनी में रह रहे विस्थापित होने वाले लोगों की कहानी के तौर पर भी याद आता है। जब कंधे पर बैग लिये, ख़ुद के मोबाइल से पूरी कहानी, शूट (वीडियो), बाइट और पीटीसी के तौर पर रिकॉर्ड किया। ऑफ़िस आया। स्टोरी ऑन एयर हुई। और शाम में ऑनिन सर का ईमेल पूरे एनडीटीवी ग्रुप के कर्मचारियों को गया। लिखा कि इस स्टोरी को देखिए, देखना ज़रूरी है कि आख़िर मोबाइल से कैसे चीज़ें शूट भी हो सकती हैं और कहानी के शक्ल में टीवी पर चल भी सकती हैं। ये उन तमाम रिपोर्टर्स की झिझक को दूर करने को लेकर था जिनको स्मार्ट फ़ोन से कहानी शूट करने पर भरोसा नहीं हो पा रहा था।

मोजो का एक्सेप्टेंस शुरुआती दौर में नहीं था। तो परेशानी भी होती थी। दक्षिण दिल्ली के कटवारिया सराय में लैंड लॉर्ड द्वारा किरायेदारों से बिजली बिल का ज़्यादा पैसा लिया जा रहा था। मोजो मैन निकल पड़ा। मोबाइल से बिल्डिंग्स को शूट कर ही रहा था कि एक भारी-भरकम आवाज़ आई... ओय क्या कर रहा है? कौन है तू? इतना कहना था कि मामला बिगड़े इससे पहले एक हाथ से मोबाइल से शूट और दूसरा हाथ आई कार्ड निकालने को लेकर जेब के अन्दर। अपनी पहचान बताई और उनका ग़ुस्सा ठंडा हुआ। आम आदमी ही नहीं, दूसरे चैनल्स के कैमरामैन और अख़बारों के फ़ोटोग्राफ़र (फ़ोटो जर्नलिस्ट) भी भीड़ में मोजो को अपना मुकाम बनाने और अहमियत

साबित करने में लम्बा वक़्त लगा। भीड़ में उनका हिकारत भरी नज़रों से देखना हो या धकियाकर एक किनारे कर देना। फ़ील्ड में पुराने थे तो सम्बन्ध और जान-पहचान कइयों से थी जो कई मौक़ों पर काम आ जाती थी, पर कुछ किनारे करने में भी कामयाब हो जाते थे। अपनी बिरादरी में तो मोजो की स्वीकार्यता का ये हाल था ही, नेताओं के भरोसे को हासिल करने में भी लम्बा वक़्त लगा। उनके मन में कौतूहल तो था ही, कशमकश भी क्या ये टीवी पर भी चलेगा? पर आज पुरानी जैसी बात नहीं। टीवी कैमरे की भीड़ में मोजो ने भी अपना मुकाम बनाया है।

मोजो किट

* एक स्मार्ट फ़ोन
* ऑडियो रिकॉर्ड करने के लिए लेपल माइक या हैंड्सफ्री
* एक सेल्फी स्टिक

इसमें चाहें तो gimble का भी इस्तेमाल हो सकता है और साथ ही ट्राइपोड का भी।

पर, एक सामान्य पत्रकार कुछ एक उपकरण के ज़रिये रिपोर्टिंग कर सकता है।

मोजो मैन

पत्रकार जो वन मैन आर्मी की तर्ज़ पर फ़ील्ड रिपोर्टिंग को अंजाम देता है। ख़ुद ही कैमरा करना है, सवाल भी पूछने हैं और फ्रेम का ख़याल भी रखना है। पास में एक बैग भी जिसमें शूट करने के तमाम उपकरण होते हैं। पहले भीड़ में मोजो से पत्रकारिता करने वाले पत्रकार खो जाते थे। हमने अपने ठाठ को किनारे रखा। सहूलियत से दूर इस नई विधा में सम्भावना तलाशने लगे। खलता भी था पर ख़ुशी भी कि जो भी कहानी करते रहे वो टीवी स्क्रीन

पर चलता रहा। हम ख़ुद की जगह तो बना और बचा ही रहे थे, नए लोगों को उम्मीद भी दे रहे थे। एनडीटीवी का लोगो लगा, न गन माइक था, न ही सैमसंग से एनडीटीवी का करार और न ही कोई तरीक़ा जिसके ज़रिये शूट किया गया वीडियो सीधे फ़ील्ड से ऑफ़िस पहुँच जाए। संघर्ष करते रहे फिर समस्याओं का समाधान भी दफ़्तर ने निकाला। आज सहूलियत में कमी नहीं। आज का फ़ोन ऐसा है जिसमें कभी कोई कॉल नहीं आता। मोबाइल में ऐसा डो मेन क्रिएट किया गया जिससे शूट किए गए वीडियो को उसी क्वालिटी में ऑफ़िस भेजा जाना मुमकिन है। पहले व्हाट्सएप के ज़रिये भी फ़ुटेज भेजते थे तो उसकी क्वालिटी पर असर साफ़ झलकता था। ऑडियो में एंबिएंस (बाहरी आवाज़/शोर) न आए इसको लेकर हैंड्सफ्री का इस्तेमाल करते थे। अब gunmike है। तो अब तो काफी आगे निकल चुके हैं। हम ही नहीं, बाकी मोजो मैन भी।

कैमरा बनाम मोजो

अब मोजो से पहले की कहानी। दौर कैमरा का था और हर दिन कैमरा यूनिट इश्यू करवाने से लेकर उसको जमा करने के लिए ऑफ़िस आना अनिवार्य था। सुबह ऑफ़िस आइए। यूनिट लीजिए। शूट लीजिए। यूनिट के साथ वापस आइए। कंप्यूटर टर्मिनल पर स्टोरी लिखिए। वॉइस ओवर कीजिए। कहानी का स्ट्रक्चर एडिट टर्मिनल पर बनाइए और फिर स्टोरी पब्लिशड होने पर घर जाइए। इस प्रक्रिया में उलझन और कई पड़ाव भी थे। कैमरामैन से तालमेल बिठाना और सही तरीक़े से उनको स्टोरी ब्रीफ़ करना। ख़बर 2 से 3 मिनट की, पर वीडियो जर्नलिस्ट (कैमरामैन) 20 से 25 मिनट और कभी-कभी तो घंटे भर भी शूट कर लिया करते थे। शंका होती थी कि कहीं कोई शॉट मिसिंग न हो। क्योंकि कहानी हमें लिखनी होती थी और विज़ुअल हमारे ज़ेहन में होता था, पर कैमरा उनके हाथ में। जब शूट लम्बा किया तो OB Van से भेजने में ठीक उतना ही वक़्त लगता था जितने देर की शूट हो। अगर ऑफ़िस जाएँ तो फिर edit टर्मिनल पर शॉट्स को ट्रांसकोड (वीडियो फ़ुटेज को एडिट

टर्मिनल पर लाना) करने की मारामारी। अब सब मोजो ने ख़त्म कर दिया है। घर से निकलिए, सीधा शूट पर और कहानी ख़त्म करके घर-परिवार के बीच।

मोजो की चुनौती

मोजो के साथ आज भी एक दिक़्क़त है। धूप की ज़्यादा तपिश के बीच स्मार्टफ़ोन का गर्म होना और अचानक इसका बन्द हो जाना। तो स्मार्टफ़ोन को मोजो के लिए स्मार्टली अगर यूज करना हो तो ये ध्यान होना चाहिए कि इसको ऑन तभी किया जाए जब शूट करना हो। नहीं तो सवाल ज़ेहन में ही रह जाएगा और शूट वाला एलिमेंट सामने। मोबाइल धोखा दे जाएगा। दूसरी दिक़्क़त, नेटवर्क को लेकर है। न्यूज़ मीडिया में है और साथ मोजो किट का है जहाँ ख़बर हर पल है और डेडलाइन भी हर वक़्त तो शूट किए गए वीडियो को भेजने के लिए अच्छे नेटवर्क की ज़रूरत होती है। हालाँकि मोबाइल में ड्यूल सिम का ऑप्शन भी है और राउटर के तौर पर चलता-फिरता wifi का भी, फिर भी कभी-कभी कुछ काम नहीं आता। तो ख़याल रहे कि अपने नेटवर्क से जब कभी बात न बने तो जहाँ भी हों वहाँ किसी के Wifi का विकल्प भी ख़ुद के नेटवर्क के लिए तलाशिए। जेएनयू में मैंने एक वक़्त छात्रों से क़रीब 22 मिनट की बातचीत रिकॉर्ड की। भेजना जल्दी ज़रूरी था। ऑफ़िस जाकर देने में देरी होती और ख़ुद के मोबाइल का नेटवर्क काम कर नहीं रहा था। ऐसे में जेएनयू के मेन गेट के सामने हिलटॉप पर नज़र साइबर कैफ़े पर पड़ी। गया, wifi कनेक्शन के लिए 20 रुपये दिए और 3 से 4 मिनट के भीतर मेरी लम्बी बातचीत ऑफ़िस के पास थी। यही काम कभी-कभार लाइव के वक़्त भी की जा सकती है। लिहाज़ा चिन्ता और चुनौतियों के बीच मोजो के फ़ायदे ज़्यादा हैं।